QI CHE TU ZHUANG JI CHU

汽车涂装基础
学习工作页

组编 上海景皇科技有限公司
主编 陈昭仁 黄建铭

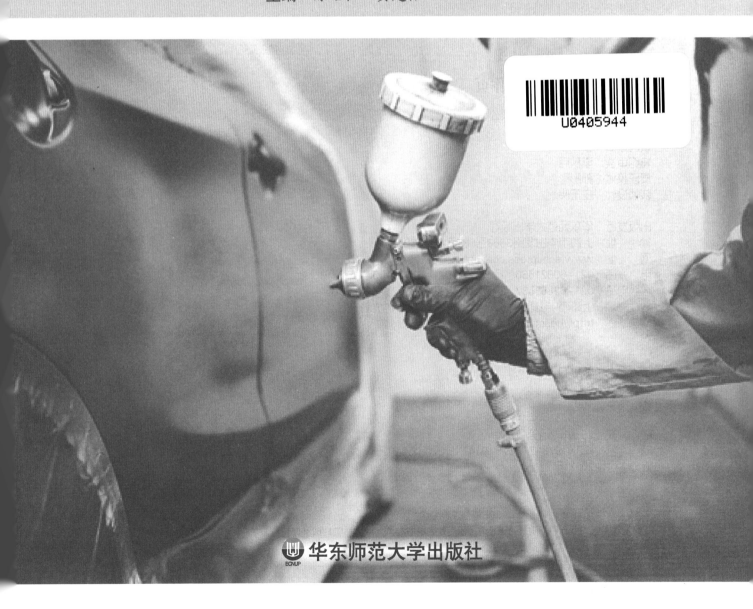

华东师范大学出版社

图书在版编目（CIP）数据

汽车涂装基础学习工作页/上海景皇科技有限公司组编；陈昭仁，黄建铭主编.—上海：华东师范大学出版社，2019

ISBN 978-7-5675-9147-9

Ⅰ.①汽⋯ Ⅱ.①上⋯ ②陈⋯③黄⋯ Ⅲ.①汽车-涂漆-职业教育-教材 Ⅳ.①U472.44

中国版本图书馆CIP数据核字(2019)第081273号

汽车涂装基础学习工作页

组　　编	上海景皇科技有限公司
主　　编	陈昭仁　黄建铭
项目编辑	李　琴
特约审读	李秋月
责任校对	孙彤彤
装帧设计	庄玉侠

出版发行	华东师范大学出版社
社　　址	上海市中山北路3663号 邮编 200062
网　　址	www.ecnupress.com.cn
电　　话	021-60821666　行政传真 021-62572105
客服电话	021-62865537　门市（邮购）电话 021-62869887
地　　址	上海市中山北路3663号华东师范大学校内先锋路口
网　　店	http://hdsdcbs.tmall.com

印 刷 者	上海昌鑫龙印务有限公司
开　　本	890×1240　16开
印　　张	5.25
字　　数	150千字
版　　次	2019年7月第1版
印　　次	2019年7月第1次
书　　号	ISBN 978-7-5675-9147-9/G.12056
定　　价	20.00元

出版人　王　焰

（如发现本版图书有印订质量问题，请寄回本社客服中心调换或电话021-62865537联系）

前 言

由于汽车在使用过程中，长年累月经受诸如日晒、雨淋、酸雨等影响及侵蚀，以及在行驶中受到意外的碰撞事故，使车身漆面出现氧化、起泡、龟裂、脱落、锈蚀等损伤，就需要进行漆面修补作业。然而漆面修补作业是一项技术实践性较强的工作，注重理论知识的密集性与专业技能的熟练性。经编者、行业专家共同探讨及市场调研后，我们整合行业维修标准、厂家相关规范、专业培训经验，基于理实一体、知行合一理念编写了一套能对接汽车行业所需人才必备技能的项目驱动、任务引领型教材。

本书是基于《汽车涂装基础》教材而开发的配套用书，让学生在学习汽车涂装相关知识的同时使用该书进行任务性的实操练习。其内容主要分为6个项目进行实施，分别为"涂装车间作业安全防护与6S管理"、"汽车涂装基础知识"、"汽车涂装车间布局及基本工具设备"、"常规漆面修复"、"喷枪的清洗与保养"、"漆面抛光工艺"。

本书以汽车涂装车间作业安全防护与6S管理为任务实施前的重点，强调"安全才是第一生产力"。然后引入原厂漆层与修补漆层的差异，并对漆面修补流程进行理论考核强化，把作业标准融入课程教学体系中，最后逐步将汽车涂装工序拆分成各个小的实施任务，让学生可以在"学中做，做中学"，进行常规漆面损伤修补作业的理论学习和实操练习。

为进一步提高本书质量，欢迎广大读者和专家对本书提出意见和建议。

编 者

2019年6月

目 录

项目一 涂装车间作业安全防护与6S管理 ·· 1

学习任务一　涂装作业安全防护 ··· 1
　　一、任务描述 ··· 1
　　二、学习目标 ··· 1
　　三、学习准备 ··· 1
　　　　（一）知识准备 ··· 1
　　　　（二）学习工具准备 ··· 3
　　四、任务实施 ··· 3

学习任务二　涂装车间6S管理 ·· 6
　　一、任务描述 ··· 6
　　二、学习目标 ··· 6
　　三、学习准备 ··· 6
　　　　（一）知识准备 ··· 6
　　　　（二）学习工具准备 ··· 7
　　四、任务实施 ··· 7

项目二 汽车涂装基础知识 ·· 8

学习任务一　汽车涂装基础介绍 ··· 8
　　一、任务描述 ··· 8
　　二、学习目标 ··· 8
　　三、学习准备 ··· 8
　　　　（一）知识准备 ··· 8
　　　　（二）学习工具准备 ··· 10
　　四、任务实施 ··· 10

学习任务二　OEM涂装工艺与汽车修补漆涂装工艺 ···························· 11
　　一、任务描述 ··· 11
　　二、学习目标 ··· 11
　　三、学习准备 ··· 11

　　　　　　（一）知识准备 ·· 11
　　　　　　（二）学习工具准备 ·· 13
　　　　四、任务实施 ·· 13

项目三　汽车涂装车间布局及基本工具设备　　14

学习任务一　汽车涂装车间布局　　14
　　一、任务描述 ··· 14
　　二、学习目标 ··· 14
　　三、学习准备 ··· 14
　　　　（一）知识准备 ·· 14
　　　　（二）学习工具准备 ·· 16
　　四、任务实施 ··· 17

学习任务二　汽车涂装车间基本工具设备　　18
　　一、任务描述 ··· 18
　　二、学习目标 ··· 18
　　三、学习准备 ··· 18
　　　　（一）知识准备 ·· 18
　　　　（二）学习工具准备 ·· 21
　　四、任务实施 ··· 21

项目四　常规漆面修复　　22

学习任务一　底材处理　　22
　　一、任务描述 ··· 22
　　二、学习目标 ··· 22
　　三、学习准备 ··· 22
　　　　（一）知识准备 ·· 22
　　　　（二）学习工具准备 ·· 24
　　四、任务实施 ··· 24
　　五、任务评价 ··· 28

学习任务二　原子灰的施工　　29
　　一、任务描述 ··· 29
　　二、学习目标 ··· 29
　　三、学习准备 ··· 29
　　　　（一）知识准备 ·· 29
　　　　（二）学习工具准备 ·· 30
　　四、任务实施 ··· 31
　　五、任务评价 ··· 36

学习任务三　中涂底漆的施工 ·· 38
　　一、任务描述 ·· 38
　　二、学习目标 ·· 38
　　三、学习准备 ·· 38
　　　（一）知识准备 ··· 38
　　　（二）学习工具准备 ··· 39
　　四、任务实施 ·· 40
　　五、任务评价 ·· 43

学习任务四　面漆的施工 ·· 47
　　一、任务描述 ·· 47
　　二、学习目标 ·· 47
　　三、学习准备 ·· 47
　　　（一）知识准备 ··· 47
　　　（二）学习工具准备 ··· 49
　　四、任务实施 ·· 49
　　五、任务评价 ·· 55

项目五　喷枪的清洗与保养 ·· 57

学习任务一　喷枪的介绍 ·· 57
　　一、任务描述 ·· 57
　　二、学习目标 ·· 57
　　三、学习准备 ·· 57
　　　（一）知识准备 ··· 57
　　　（二）学习工具准备 ··· 59
　　四、任务实施 ·· 59

学习任务二　喷枪的清洗与保养 ··· 61
　　一、任务描述 ·· 61
　　二、学习目标 ·· 61
　　三、学习准备 ·· 61
　　　（一）知识准备 ··· 61
　　　（二）学习工具准备 ··· 62
　　四、任务实施 ·· 62
　　五、任务评价 ·· 68

项目六　漆面抛光工艺 ·· 69

学习任务一　漆面缺陷评估 ··· 69
　　一、任务描述 ·· 69
　　二、学习目标 ·· 69

三、学习准备 … 69
　（一）知识准备 … 69
　（二）学习工具准备 … 70
四、任务实施 … 70

学习任务二　漆面抛光工艺 … 71
一、任务描述 … 71
二、学习目标 … 71
三、学习准备 … 71
　（一）知识准备 … 71
　（二）学习工具准备 … 72
四、任务实施 … 73
五、任务评价 … 75

项目一 涂装车间作业安全防护与6S管理

学习任务一 涂装作业安全防护

一、任务描述

在汽车涂装施工操作中，安全生产和个人防护是防止发生火灾、伤亡事故、职业病，保障员工身体健康的重要措施。涂料中的稀释剂都是易燃品，都易挥发且有一定的毒性，施工过程中还会产生大量的飞漆和粉尘，若不严格遵守安全操作规程和安全施工方法，极易发生生产事故。事故造成的伤害，轻者损害健康，重者则可能引起残疾，甚至死亡。所以，喷漆作业者在每一项作业时都要以安全和健康为前提。需要始终牢记：在工作中采取安全防护措施的成本，永远都比丧失或部分丧失劳动能力的损失低得多。

二、学习目标

完成本次学习任务后，你应当能：
1. 了解漆面修补作业中接触的有害物及对人体的伤害。
2. 了解汽车涂装作业中各安全防护用品的作用。
3. 掌握防护用品正确的佩戴方法。
4. 掌握喷漆作业中正确选择防护用品的方法。

三、学习准备

（一）知识准备

通过对《汽车涂装基础》"项目一　涂装车间作业安全防护与6S管理"理论基础的学习，完成下面有关内容：

1. 填空题

（1）汽车漆面修复作业中危害身体健康的化学物质包括_____、_____、_____。

（2）人体_____、_____、_____等三个关键部位容易受到伤害。

（3）认识下列各安全防护用具及佩戴用途。

名称：
用途：

名称：
用途：

名称：
用途：

名称：　　　　　　　名称：　　　　　　　名称：　　　　　　　名称：
用途：　　　　　　　用途：　　　　　　　用途：　　　　　　　用途：

（4）根据涂装工序的不同，穿戴安全防护用具也有所不同，请根据涂装工序与安全防护用具的佩戴填写下表。

作业安全防护图片	安全防护用具说明	适 用 工 序
	棉布帽 护目镜 ———— ———— ———— 安全鞋	表面处理 ———— ————
	棉布帽 ———— ———— ———— 耐溶剂手套 安全鞋	表面处理 调色 ———— ————
	———— ———— 耐溶剂手套 安全鞋	————

思考

同学们，在汽车涂装车间中存在哪些危害健康的物品？

2. 判断题

（1）涂装作业中的个人保护是防止职业病、保障作业人员健康安全的重要措施。（　）
（2）有机溶剂蒸气只能通过呼吸进入人体，作业时必须佩戴防毒面具。（　）
（3）有些含铅质颜料（如红丹）毒性很大，不可以喷涂，只宜刷涂。（　）
（4）在特别潮湿且地面可导电的厂房内，安全电压定为 36 V。（　）
（5）电动机及其起动装置一般都在运行中修理，可以方便地发现故障部位。（　）
（6）用气动或电动工具从事打磨、修整、喷砂或类似作业时，必须戴安全镜。（　）
（7）使用空气压缩机时，应随时注意压力计的指针，不能使其超过极限红线。（　）
（8）为防止发生中毒事故，施工场地应保持良好的通风或加设排风设备，加速有毒气体的散发，降低有毒气体在空气中的浓度。（　）
（9）当涂装作业人员在工作期间出现呼吸困难时，应尽快将其移至新鲜空气处。（　）

3. 论述题

（1）简述打磨旧漆和喷涂时应穿戴哪些防护用品，为什么？

（2）简述防毒面具气密性测试的步骤。

（3）简述溶剂溅入眼睛的急救措施。

（4）简述人工呼吸的操作步骤。

（二）学习工具准备

教材、安全防护用具：防静电喷漆服、防尘口罩、防毒面具、耳塞（罩）、棉纱手套、耐溶剂手套、安全鞋、护目镜等。

四、任务实施

1. 老师设定漆面修复作业阶段的情境（打磨作业、原子灰刮涂作业、喷漆作业）。
2. 让学生依据老师所指定的涂装作业情境选择配戴防护用具。
3. 老师针对学生的配戴防护用具情况进行点评及纠正。

五、任务评价

安全防护考核评分表（满分100分）（时间30 min）

班级　　　　姓名　　　　学号　　　　完成时间

考核时间	序号	考核项目	配分	评 分 标 准	得分
30 min	1	防尘口罩穿戴	5	使用前未检查颈带扣1分	
				使用前未检查头带扣1分	
				使用前未检查金属鼻夹扣1分	
				使用前未检查口罩外观扣1分	
				防尘口罩穿戴方法不正确扣1分	
	2	防毒口罩穿戴	8	使用前未检查活性炭滤盒使用日期扣1分	
				使用前未检查滤棉扣1分	
				使用前未检查呼气阀扣1分	
				使用前未检查吸气阀扣1分	
				使用前未检查面罩扣1分	
				使用前未检查头带框套扣1分	
				使用前未检查颈带扣1分	
				防毒口罩穿戴方法不正确扣1分	
	3	防护眼镜穿戴	2	使用前未检查镜面外观扣1分	
				护目镜穿戴方法不正确扣1分	
	4	棉纱手套穿戴	5	使用前未检查棉纱手套外观扣2.5分	
				棉纱手套穿戴方法不正确酌情扣1~2.5分	
	5	耐溶剂手套穿戴（一次性）	5	使用前未检查耐溶剂手套外观扣2.5分	
				耐溶剂手套穿戴方法不正确酌情扣1~2.5分	
	6	耐溶剂手套穿戴（厚）	5	使用前未检查耐溶剂手套外观扣2.5分	
				耐溶剂手套穿戴方法不正确酌情扣1~2.5分	
	7	打磨作业时安全防护	20	未穿戴防尘口罩或戴错扣5分	
				未佩戴防护眼镜扣5分	
				未穿戴棉纱手套或戴错扣5分	
				未戴工作帽扣5分	
	8	喷漆、调漆作业时安全防护	20	未穿防静电喷漆服扣4分	
				未戴防毒口罩或戴错扣4分	
				未佩戴防护眼镜扣4分	
				未穿戴耐溶剂手套或戴错扣4分	
				未戴防尘帽扣4分	

（续表）

考核时间	序号	考核项目	配分	评 分 标 准	得分
30 min	9	原子灰刮涂、除油脱脂、喷枪清洗作业时安全防护	20	未戴防毒口罩或戴错扣5分	
				未佩戴防护眼镜扣5分	
				未穿戴耐溶剂手套或戴错扣5分	
				未戴工作帽扣5分	
	10	6S	10分	作业完毕后物品未复位，台面未清洁扣1～10分	
分数合计			100分	实际得分	

学习任务二 涂装车间6S管理

一、任务描述

除个人安全防护外，良好的涂装车间6S管理是确保安全生产与精准生产的保障，车间6S管理包含整理（SEIRI）、整顿（SEITON）、清扫（SEISO）、清洁（SETKETSU）、素养（SHITSUKE）、安全（SECURITY）6个项目，其通过各种途径规范现场、现物，营造一目了然的工作环境，培养员工良好的工作习惯，其最终目的是提升人的品质，养成良好的工作习惯。

二、学习目标

完成本次学习任务后，你应当能：
1. 了解奉行车间6S管理可创造的效益。
2. 了解车间6S管理的基本定义。
3. 掌握通过多种途径对涂装车间进行6S管理。

三、学习准备

（一）知识准备

通过对《汽车涂装基础》"项目一 涂装车间作业安全防护与6S管理"理论基础的学习，完成下面有关内容：

1. 车间6S管理包含哪6个项目？

2. 奉行车间6S管理可以创造哪些效益？

3. 汽车涂装车间可以通过哪些途径实施6S管理？

4. 观察下面图片，其属于6S管理哪个模块，描述具体实施作用？

模块：　　　　　　　　　　模块：　　　　　　　　　　模块：

用途：　　　　　　　　　　用途：　　　　　　　　　　用途：

模块： 模块：
用途： 用途：

同学们，你是如何做好车间6S？车间6S管理的最终目标是什么？

（二）学习工具准备

教材、抹布、扫把。

四、任务实施

1. 进入涂装车间，教师有序地安排学生4～6人/组对车间进行整理、整顿、清扫与清洁。
2. 通过多种不同的途径进行涂装车间6S管理。
3. 通过对6S管理理论基础与实施途径的学习，制作汽车涂装车间6S管理制度。

项目二　汽车涂装基础知识

学习任务一　汽车涂装基础介绍

一、任务描述

汽车车身涂装工艺是指将涂料涂覆于物体表面（基底表面），经干燥成膜的工艺，已固化的涂料膜称为涂膜或涂层，汽车车身涂层一般是由两层以上的涂膜所组成的复合层，具有保护金属底材、装饰等作用。

二、学习目标

完成本次学习任务后，你应当能：
1. 了解汽车车身涂装的作用。
2. 了解汽车车身涂料的基本组成。
3. 了解汽车涂料的干燥方式。
4. 掌握汽车修补涂装工艺常用的汽车涂料。

三、学习准备

（一）知识准备

通过对《汽车涂装基础》"项目二　汽车涂装基础"理论基础的学习，完成下面有关内容：

1. 填空题

（1）汽车车身涂装的作用有_____、_____、_____。

（2）汽车车身涂料主要是用_____、_____、_____、_____四种成分混合而成液体。

（3）汽车车身涂料的干燥方式分为_____、_____与_____三种。

（4）在整个汽车漆面修补作业中，根据标准作业工序需要使用到的汽车车身修补涂料有_____、_____、_____、_____等。

（5）汽车漆面修补涂装作业中，常用的原子灰的种类有_____、_____、_____。

（6）汽车漆面修补涂装作业中，常用的金属层底漆的种类有_____、_____。

（7）汽车漆面修补涂装作业中，常用的中涂底漆的种类有_____、_____、_____。

（8）观察下面图片，分别属于面漆中的哪个类型。

名称：

名称：

名称：

2. 判断题

（1）涂料是指涂于物体表面，能形成具有保护、装饰或特殊功能的固态涂膜的一类液体或固体材料的总称。（　　）
（2）涂料没有树脂，同样可以形成牢固地附着在物体表面上的涂膜。（　　）
（3）涂料的许多特性，主要取决于成膜物质的性能。（　　）
（4）颜料为粉状，可以是天然矿物、金属粉，也可以是化学合成的无机化合物、有机染料。（　　）
（5）溶剂是涂料的成膜部分，它是液态涂料制造和涂装过程中不可缺少的部分之一。（　　）
（6）溶剂挥发型涂料在干燥过程中，成膜物质的分子结构无显著的化学变化。（　　）
（7）各种烘烤聚合型涂料的烘烤温度没有明确规定，可随意升高或降低，对涂膜的质量没有明显影响。（　　）
（8）烘烤固化的涂膜硬度高，耐磨性、耐光性、耐久性方面都好。（　　）

3. 论述题

（1）简述涂料的组成及其作用。

（2）简述固化反应型涂料的成膜过程。

（3）简述氧化聚合型涂料的成膜过程。

（4）简述溶剂挥发型涂料的成膜过程。

同学们,汽车车身为什么要进行涂装呢?

(二)学习工具准备

教材、原子灰、金属层底漆、中涂底漆、面漆、清漆、安全防护用具(防毒口罩等)。

四、任务实施

1. 进入涂装车间调漆间,让学生认识汽车修补常用的涂料,并了解修补用涂料的特性。
2. 通过显微镜观察各种不同面漆的区别。

学习任务二　OEM涂装工艺与汽车修补漆涂装工艺

一、任务描述

在汽车OEM制造汽车时，涂装工序是必不可少的工序之一，由于车身90%用的是金属底材，都采用自动化设备传输涂料等对汽车进行涂装，而在汽车漆面修补涂装领域，均是采用人工借助空气喷枪喷涂来对受损漆面进行修复。

二、学习目标

完成本次学习任务后，你应当能：
1. 了解汽车OEM涂装工艺流程与各个涂装工序的目的。
2. 了解汽车OEM涂装涂层的名称。
3. 了解汽车修补涂装工艺流程与各个涂装工序的目的。
4. 了解汽车修补涂装涂层的名称。

三、学习准备

（一）知识准备

通过对《汽车涂装基础》"项目二　汽车涂装基础"理论基础的学习，完成下面有关内容：

1. 在划线内填入汽车OEM原厂涂装各涂层名称。

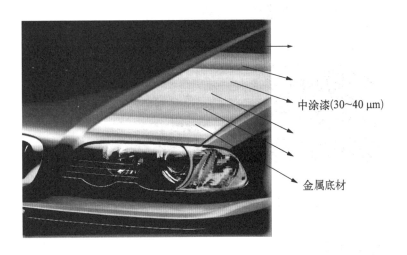

中涂漆(30~40 μm)

金属底材

2. 在空白方格内部填入汽车OEM涂装工艺流程与各个涂装工序的目的。

工　序	目　　的
夹具安装	四门两盖的支撑固定
脱脂清洗	
	生成磷酸锌膜以确保防锈性及与电泳涂层的贴合性
电泳涂装	
	电泳漆膜的硬化

（续表）

工　序	目　的
	用砂纸打磨掉电泳漆膜表面的缺陷
涂密封胶	
隔声垫及胶塞安装	提高隔声效果
喷车底UBC涂料	
中涂涂装	
	防石击涂料及中涂漆膜的硬化
	用砂纸打磨掉中涂漆膜表面的缺陷
面漆涂装	
	面漆涂膜的硬化
检视	涂装外观检查的质量反馈
防锈蜡或者空腔泡沫	
整车返修	修补外观次生缺陷

3. 在划线内填入汽车修补涂装各涂层名称。

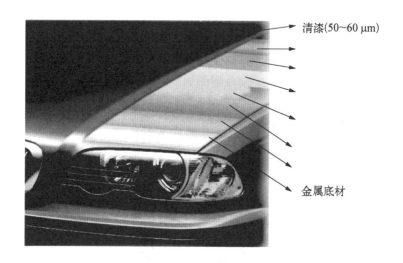

4. 在空白方格内部填入汽车修补涂装工艺流程。

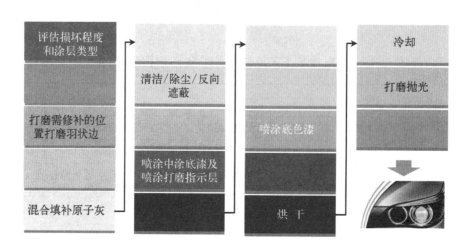

同学们，汽车OEM涂装工艺与汽车修补漆涂装工艺有什么区别呢？

（二）学习工具准备

教材、OEM涂装涂层教学板件、汽车修补漆涂装涂层教学板件。

四、任务实施

1. 老师依据教材章节讲解汽车OEM涂装工艺与汽车修补漆涂装工艺的知识内容。
2. 通过观察OEM涂装涂层与汽车修补漆涂装涂层教学板件，让学生通过观察习得OEM涂装工艺与汽车修补漆涂装工艺。
3. 讨论汽车OEM涂装工艺与汽车修补漆涂装工艺的区别。

项目三　汽车涂装车间布局及基本工具设备

学习任务一　汽车涂装车间布局

一、任务描述

汽车漆面修补作业主要分为打磨作业和喷涂作业。为了满足喷涂工艺所有的作业，故汽车涂装车间需要进行合理的规划布局设计，以达到空间利用最大化、效益增长幅度最大化。

二、学习目标

完成本次学习任务后，你应当能：

1. 了解汽车空压机房布局设计要点。
2. 了解汽车前处理工位布局设计要点。
3. 了解汽车中涂工位布局设计要点。
4. 了解汽车抛光工位布局设计要点。

三、学习准备

（一）知识准备

通过对《汽车涂装基础》"项目三　汽车涂装车间布局及基本工具设备"理论基础的学习，完成下面有关内容：

1. 单项选择题

（1）为了便于空压机及其组件日后的维护保养，空压机周围至少留有的空间尺寸为（　　）。
　　A. 600 mm　　　　　　　　B. 800 mm　　　　　　　　C. 1 000 mm

（2）每台调漆机至少需要一个面积为（　　）m^2 的作业区。
　　A. 10　　　　　　　　　　B. 12　　　　　　　　　　C. 15

（3）烤漆房在工作时室内压力应始终大于外界压力，即保持室内处于正压状态，防止外界灰尘进入。一般要求烤漆房内气压与外界气压保持（　　）Pa 的压力差。
　　A. 4～12　　　　　　　　 B. 12～15　　　　　　　　C. 15～20

（4）烤漆房内的噪声不允许超标，按规定一般应小于（　　）dB（A）。
　　A. 70　　　　　　　　　　B. 80　　　　　　　　　　C. 90

（5）水性漆涂装作业要求烤漆房进风风量至少为（　　）。
　　A. 12 000 m^3/h　　　　　B. 15 000 m^3/h　　　　　C. 18 000 m^3/h

2. 填空题

（1）空压机房是用于布置_____、_____、_____的场所。

(2) 空压机房能够保证空压机、储气罐、冷冻式空气干燥机有足够的放置空间，且空压机周围至少有_____的维护保养空间。

(3) 每个汽车烤漆房应最多配备_____个前处理工位。

(4) 前处理工位按照空气流向不同分为_____、_____。

(5) 填写干磨准备区的基本要求表格。

名　　称	说　　明
工作区长度/m	6.00～7.00
工作区宽度/m	
工作区高度/m	
送排风风量/（m³/h）	≥12 000
空气流速/（m/s）	
照明系统/lux	
噪声/dB（A）	≤80

(6) 通常一个汽车烤漆房可容纳_____个常规喷漆作业的日均产能。

(7) 汽车喷烤漆房按照汽车喷烤漆房按照不同的加热方式一般可分为_____、_____、_____和_____。

(8) 填写汽车喷烤漆房的基本要求表格。

名　　称	说　　明
房体系统	岩棉板保温墙板，容量≥120 kg/m3，厚度≥50 mm
房体内部长度/m	
房体内部宽度/m	
房体内部高度/m	2.50～3.00
大门	三门装置或全开放四门装置或卷帘门
门洞尺寸/m	
进风风量/（m³/h）	水性漆≥18 000；溶剂型涂料≥12 000
工作温度/℃	≥60
加热速度/min （20±10）℃—60℃	燃油加热型≤10 电加热型≤15 辐射板加热≤10
空气过滤效率	
作业内外压差/Pa	
照明系统/lux	
噪声/dB（A）	作业区内≤75；作业区外≤80

(9) 每台调漆机至少需要一个面积为_____的作业区。

(10) 为防止调漆间的挥发性有机溶剂向外扩散，调漆间内压力应设计为_____，同时相应排气管路应设计距离地面_____比较合适，不要设计过高，以免使整个调漆间充满有机溶剂，不利员工健康。

(11) 汽车抛光工位的功能有_____、_____、_____。

3. 判断题

（1）空压机房可以设置在汽车涂装车间的任何角落，只要保证空间足够就好。　　　　（　　）
（2）空压机房的配电电路可以与车间其他电器设备配电电路共用。　　　　　　　　（　　）
（3）前处理工位是针对车辆和已拆卸的钣金件实施喷漆准备作业而设置的。　　　　（　　）
（4）每个汽车烤漆房应最多配备3～4个汽车前处理工位。　　　　　　　　　　　（　　）
（5）汽车喷烤漆房的排风管直接捅出车间外面即可，无须在室外加装风管。　　　　（　　）
（6）一台汽车烤漆房可容纳8个常规喷漆作业的日均产能。　　　　　　　　　　　（　　）
（7）汽车涂装车间的照明亮度都必须达到1 000 lux及以上。　　　　　　　　　　（　　）

4. 论述题

（1）在汽车涂装作业中，对压缩空气供给系统有哪些基本要求？

（2）在汽车涂装作业中，对汽车干磨准备区有哪些基本要求？

（3）在汽车涂装作业中，对汽车喷烤漆房有哪些基本要求？

同学们，汽车涂装车间合理的规划布局可以给企业生产、维修人员带来什么？

（二）学习工具准备

教材、汽车涂装车间模拟沙盘。

四、任务实施

1. 通过教师讲解汽车涂装车间空压机房、前处理工位、中涂工位、汽车喷烤漆房、调漆间，以及抛光完成工位的布局设计及建制要点。

2. 每4～6个学生为一组，通过汽车涂装车间布局设计学习后，设计出不同规格（产能）的涂装车间，并能做出合理的解说。

学习任务二　汽车涂装车间基本工具设备

一、任务描述

汽车漆面修补工序中底材处理、原子灰施工、中涂底漆施工、面漆施工作业使用到的工具设备及其耗材众多，汽车漆面修补人员必须了解汽车涂装车间工具设备的基本操作。

二、学习目标

完成本次学习任务后，你应当能：
1. 了解汽车涂装车间压缩空气供给系统的基本组成。
2. 了解汽车漆面研磨集尘工具设备的类型。
3. 了解汽车底材处理、中涂底漆施工、面漆施工工具设备的类型。
4. 掌握汽车涂装车间汽车底材处理、中涂底漆施工、面漆施工工具设备的安全操作规范与基本维护。

三、学习准备

（一）知识准备

通过对《汽车涂装基础》"项目三　汽车涂装车间布局及基本工具设备"理论基础的学习，完成下面有关内容：

1. 单项选择题

（1）汽车维修领域主流的压缩空气生产设备为（　　　）。
　　A. 螺杆式空气压缩机　　　　B. 活塞式空气压缩机　　　　C. 膜片式空气压缩机
（2）压缩空气供给系统的主要组成元件的正确连接顺序为（　　　）。
　　A. 空压机→冷干机→储气罐　　B. 空压机→储气罐→冷干机　　C. 冷干机→空压机→储气罐
（3）压缩空气管路在压缩空气系统中用于传输压缩空气到每一个用气工位，其材质一般为不锈钢、铝镁管道或者PVR塑钢管道，耐压至少为（　　　）。
　　A. 1.0 Mpa　　　　　　　　B. 1.5 Mpa　　　　　　　　C. 2.0 Mpa
（4）水性汽车喷烤漆房配置终端油水分离器一般为（　　　）。
　　A. 单节油水分离器　　　　B. 双节油水分离器　　　　C. 三节油水分离器
（5）压缩空气软管长度10 m，压缩空气操作压力为6 bar，压缩空气软管终端压力为（　　　）。
　　A. 5.0 bar　　　　　　　　B. 5.2 bar　　　　　　　　C. 4.8 bar
（6）干磨砂纸的主要原料为（　　　）。
　　A. 氧化铝磨料　　　　　　B. 碳化硅（金刚砂）磨料　　C. 锆铝磨料
（7）原子灰研磨作业时，需要使用偏心距为（　　　）的双动作打磨机。
　　A. 5 mm　　　　　　　　　B. 3 mm　　　　　　　　　C. 2.5 mm
（8）中涂底漆研磨作业时，需要使用偏心距为（　　　）的双动作打磨机。
　　A. 5 mm　　　　　　　　　B. 3 mm　　　　　　　　　C. 9 mm

2. 填空题

（1）汽车涂装车间压缩空气供给系统主要由_____、冷冻式压缩空气干燥机、_____、初级过滤设备、_____、支管路、低位排水装置、_____、空气软管、阀门和终端快速接头等元件构成。

（2）空气压缩机按照机械运动方式不同分为_____、_____、膜片式空气压缩机三种，现在最常用的是_____。

（3）储气罐连接于空气压缩机的输出端，主要的用途有_____、_____、_____。

（4）压缩空气管材的耐压能力必须达到_____。

（5）在汽车漆面修补涂装中，会使用到各式打磨工具的漆面修复工序有_____、_____、_____。

（6）将打磨工具与其运动方式用直线连接起来，并写出对应的名称。

（7）对车身各种不规则位置和不同角度进行研磨可以使用_____。

（8）在汽车漆面修补作业中，常使用到的砂纸种类有：_____、背绒搭扣砂纸（干磨砂纸）、_____、海绵干磨软片、_____等。

（9）原子灰在常温20℃干燥时间较长，可以使用_____加速干燥。

（10）汽车喷漆架可以用于汽车车身上的_____、_____、_____。

（11）水性漆施工时，为了加速其闪干时间，可以使用_____。

（12）喷枪清洗与维护作业需要使用到的工具设备有_____、_____。

3. 判断题

（1）橡胶刮板适用于平面缺陷的填补。　　　　　　　　　　　　　　　　　　　　　　（　　）

（2）硬刮板适用于刮涂大的凹坑、大的平面缺陷部位，由于其刮口有一定的硬度，易刮涂平整，适用于要求平整度高的施工工序。　　　　　　　　　　　　　　　　　　　　　　　　　　　　　　　　（　　）

（3）塑料刮板耐磨性较好，但温度对其柔软性影响较大，目前使用较少。　　　　　　　（　　）

（4）刮板使用完毕后，要立即用溶剂清洗干净，以免原子灰聚积于刮板上，固化后不易清洗，影响下次使用效果。　　　　　　　　　　　　　　　　　　　　　　　　　　　　　　　　　　　　　　（　　）

（5）打磨机打磨光洁度与砂纸粗细有关，与振动幅度大小无关。　　　　　　　　　　　（　　）

（6）打磨机振动幅度越大，打磨速度越快。　　　　　　　　　　　　　　　　　　　　（　　）

（7）打磨工作完毕后，应把砂纸取下，清除打磨机上的灰尘、污物，不能因贪图方便而用溶剂浸泡清洗。
　　　（　　）

（8）气动打磨机使用的压缩空气允许含有少量水分。　　　　　　　　　　　　　　　　（　　）

（9）干磨砂纸的磨料一般采用氧化铝。　　　　　　　　　　　　　　　　　　　　　　（　　）

（10）三维打磨材料是指打磨砂粒附着在三维纤维上形成的打磨材料。　　　　　　　　（　　）

（11）喷烤合一的烤漆房，喷涂时与烘烤时的空气流速是一样的。　　　　　　　　　　（　　）

（12）喷涂时，烤房内的气压应大于房外的气压。　　　　　　　　　　　　　　　　　（　　）

（13）烤漆房烘干时，温度最高不超过80℃，若温度超过90℃可能引起爆炸等。　　　（　　）

（14）红外线加热，被加热材料深色越深，干燥越慢。　　　　　　　　　　　　　　　（　　）

（15）红外线辐射使涂料吸收能量产生热量，溶剂由内外挥发，热能损耗小，涂层干燥内外一致、透彻，有利于提高涂层质量。　　　　　　　　　　　　　　　　　　　　　　　　　　　　　　　　（　　）

4. 论述题

（1）汽车刮涂工具有哪些种类？各有什么特点？

（2）汽车干磨设备有哪些？各有什么特点？

（3）打磨机分为哪几种？各有什么特点？

（4）干磨设备的使用和维护有哪些注意事项？

（5）烤漆房在使用中该如何进行维护？

（6）红外烤灯干燥有哪些特点？

同学们，你如何做损伤漆面去除？需准备的工具材料是什么？

（二）学习工具准备

教材、汽车涂装车间固定设备、打磨工具及耗材、原子灰刮涂工具、中涂底漆施涂工具、面漆施工工具等。

四、任务实施

1. 老师须依据课程内容准备各相关工具及耗材。
2. 老师可以依据课程内容所提供图片进行问题探讨，或是带领学生到实际场地认识设备进行教学。
3. 对学生进行各种工具、耗材的讲解及提问，使学生充分认识工具、耗材使用场合。
4. 老师设定"漆面去除、调灰刮灰、磨灰整平"等漆面修复工作让学生组合准备工具、耗材。

项目四 常规漆面修复

学习任务一 底材处理

一、任务描述

底材处理又称表面预处理，是汽车涂装工艺的第一步，汽车漆面修补也一样。应根据被涂物的用途、材质、要求和表面状况，采用与其相适应的处理方法，底材处理质量的好坏将直接影响漆膜涂层的质量。只有经过处理的底材，确保其表面应无油、无锈、无其他污物，并具有一定的粗糙度，才能使涂料牢固地附着在底材上面。故正确规范的底材处理是保证涂层使用寿命及质量的重要环节。

二、学习目标

完成本次学习任务后，你应当能：
1. 了解汽车车身常用材料的种类。
2. 了解不同车身底材处理方法。
3. 掌握损伤评估的方法。
4. 掌握旧漆研磨的技能。
5. 掌握打磨羽状边的技能。
6. 掌握底材防锈处理的技能。

三、学习准备

（一）知识准备

通过对《汽车涂装基础》"项目四 常规漆面修复"理论基础的学习，完成下面有关内容：

1. 单项选择题

（1）刮涂原子灰前打磨羽状边，应选用（　　）。
　　A. 干磨砂纸 P60　　　　　　B. 干磨砂纸 P80　　　　　　C. 干磨砂纸 P120
（2）羽状边的宽度至少为（　　）。
　　A. 3 mm　　　　　　　　　B. 10 mm　　　　　　　　　C. 15 mm
（3）从羽状边到修补区域周边的打磨范围应不少于（　　）。
　　A. 10 cm　　　　　　　　　B. 15 cm　　　　　　　　　C. 25 cm
（4）不需要喷涂环氧底漆的底材是（　　）。
　　A. 塑料件　　　　　　　　　B. 铝合金　　　　　　　　　C. 玻璃钢
（5）环氧底漆的涂膜厚度为（　　）。
　　A. 15～20 μm　　　　　　　B. 20～25 μm　　　　　　　C. 25～30 μm

（6）HVLP的喷枪在喷涂底漆时设置的气压为（　　）。
　　A. 200～300 kPa　　　　　　B. 150～200 kPa　　　　　　C. 100～150 kPa
（7）下列关于底漆的说法，叙述错误的是（　　）。
　　A. 底漆的作用是改善漆膜耐蚀性和附着力
　　B. 磷化底漆可以增大漆膜附着力和防止生锈
　　C. 所有类型的底漆都适用于各类不同的金属表面
（8）下列说法中，不是漆膜脱落的原因是（　　）。
　　A. 喷涂过厚　　　　　　B. 被涂表面清洁不当　　　　　　C. 底漆选择错误

2. 填空题

（1）现代汽车车身除了使用钢铁材料之外，其他金属材料和非金属材料也越来越多地被使用。常见的有_____、_____、_____、_____、碳纤维增强复合材料。
（2）汽车底材处理主要包含的作业工序有_____、_____、_____、_____。
（3）在底材打磨作业之前，必须精准地对车身板面损伤部位进行检视，以评估表面上的凹陷、凸起损伤程度及位置，这样才能最快速的完成漆面的修复作业，常用的漆面损伤评估的方法有_____、_____、_____。
（4）进行损伤区域旧漆膜研磨时，最常使用的打磨工具为_____，打磨作业时，打磨机的前部接触漆面与板面约呈_____。
（5）进行羽状边打磨时，最常使用偏心距为_____的双动作打磨机配合不同粒度的砂纸_____、_____、_____、_____，从粗到细依次研磨。
（6）防锈处理作为底材处理最后一道工序非常关键。在汽车漆面修补作业中，最为常用的防锈底漆的_____、_____。

3. 判断题

（1）清洁车身时，工作人员必须戴防毒面罩保护自己。（　　）
（2）需要根据车身底材不同，选取不同的清洁剂。（　　）
（3）如果车身表面干净，可以不经过清洁，直接修补。（　　）
（4）确定损伤变形范围的目的是确保清除旧涂层、打磨羽状边的范围合理。（　　）
（5）为了节约材料和提高效率，打磨羽状边可以不使用P180砂纸。（　　）
（6）旧涂膜的打磨面积要大于刮涂原子灰的面积，并且要打磨出平滑的羽状边。（　　）
（7）清除旧涂层时，打磨机打磨不到的凹陷位置应该手工打磨清除。（　　）
（8）使用打磨机打磨羽状边时应该顺着打磨机旋转的方向顺时针打磨。（　　）
（9）原子灰不能直接涂在磷化底漆上。（　　）
（10）环氧底漆的主要作用是提供附着力。（　　）
（11）喷涂环氧底漆后需要打磨才能刮涂原子灰。（　　）
（12）底漆的主要作用是提供附着力和防腐蚀，不具备填补缺陷能力。（　　）
（13）磷化底漆只能替代磷化处理，不能替代防腐底漆。（　　）

4. 论述题

（1）针对不同的底材，应该选用哪种清洁剂？

（2）如何对车身表面进行清洁除油？

（3）对于凹陷损伤，刮涂原子灰前应使用什么打磨机和砂纸打磨羽状边？

（4）简述打磨羽状边的流程及注意事项。

（5）为什么要对损伤部位裸金属喷涂底漆？

（6）简述喷涂底漆的流程及注意事项。

（二）学习工具准备

教材、单/双动作打磨机、工件、吹尘枪、打磨砂纸、除油剂、环氧底漆、个人安全防护用品。

四、任务实施

底材处理是汽车涂装工艺的第一步，汽车漆面修补也一样。应根据被涂物的用途、材质、要求和表面状况，采用与其相适应的处理方法，底材处理质量的好坏将直接影响漆膜涂层的质量。

实施步骤如下：

参训学生穿好工作服、安全鞋，将操作时用到的材料与工具整齐地摆放在操作台上。

1. 穿戴安全防护用品

   具体步骤：

   正确穿戴棉纱手套、防尘口罩、护目镜。

   完成情况：

   □ 完成

   □ 未完成，原因：

2. 清洁除尘

   具体步骤：

   使用干净的擦拭纸配合吹尘枪清除损伤板件上的灰尘。

   完成情况：

   □ 完成

   □ 未完成，原因：

3. 遮蔽贴护

具体步骤：

利用遮蔽纸等防护材料粘贴在不需要打磨的区域，为了避免未损伤部位受打磨损伤或造成污染。

完成情况：

☐ 完成

☐ 未完成，原因：

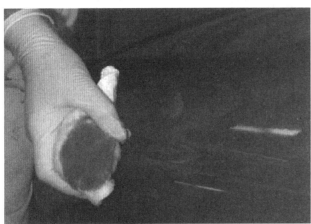

热塑性漆膜

4. 漆面类型评估

具体步骤：

完成损伤区域清洁后，需对维修车辆面漆的类型进行准确的评估。采用合理的方法评估面漆层是素色漆还是银粉漆、珍珠漆等。如果是素色漆，还需判断是单工序素色漆还是双工序素色漆，是热固性漆膜还是热塑性漆膜。检查原漆膜是热塑性漆膜还是热固性漆膜时，检查方法是使用干净的白布，蘸硝基稀释剂擦拭损伤部位的漆膜，如果漆膜掉色或擦拭后出现比较严重的失光，则说明旧漆膜可能采用的是硝基漆或热塑性丙烯酸涂料等溶剂挥发型涂料。

完成情况：

☐ 完成

☐ 未完成，原因：

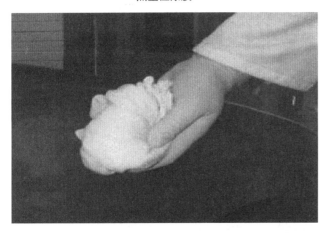

热固性漆膜

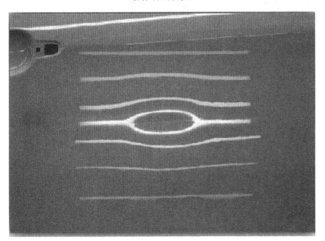

5. 漆面损伤评估

具体步骤：

漆面损伤评估方法包括：目测、手摸、按压、尺量。

完成情况：

☐ 完成

☐ 未完成，原因：

6. 清洁除油

具体步骤：

准备两块专用无纺擦拭纸，在其中一块上喷洒除油清洁剂，使其湿润。双手各拿一块擦拭纸。先用蘸有除油清洁剂的擦拭纸在工件上擦拭，再用另一块干燥的擦拭纸擦干工件上的清洁剂。

完成情况：

□ 完成

□ 未完成，原因：

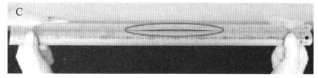

7. 损伤涂层去除

具体步骤：

当确定损伤区范围后，就必须将损伤范围内的涂层全部去除，如有锈迹也应全部去除。

（1）选择单动作打磨机连接集尘管，并将P60～P80砂纸粘在磨头磨垫上。

（2）起动集尘主机（中央集尘主机/移动式集尘设备等）。

（3）将打磨机贴在待打磨板件上，不要施加太大的力，并使打磨机前部与板面约5°～20°再起动打磨机进行旧漆膜打磨。

（4）使用干净的擦拭纸配合吹尘枪清除打磨后板件上残留的粉尘。

完成情况：

□ 完成

□ 未完成，原因：

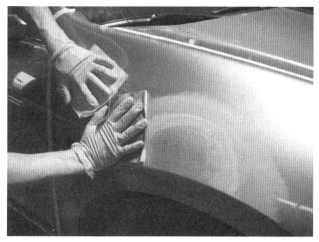

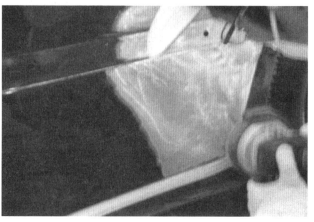

项目四 常规漆面修复 27

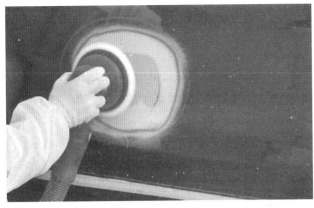

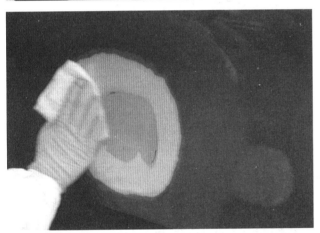

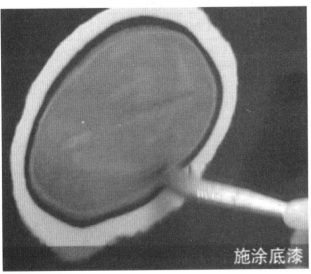
施涂底漆

8. 羽状边打磨

具体步骤：

在清除损伤区漆膜后，在原子灰刮涂之前需产生一个宽的、平滑的边缘，以增加附着力，此时可以将涂膜边缘打磨，形成一个缓和的斜坡，从而消除车身板面与旧涂层的断差。

（1）选择偏心距为5～7 mm的双动作打磨机配合不同粒度的砂纸P60～P80、P120、P180、P240由粗到细依次打磨，打磨时可采用弧形打磨法，根据打磨头的转动方向从外向内打磨，同时打磨时将打磨头与工件倾斜5°～10°的角度打磨，用砂纸外侧30 mm左右的部位打磨羽状边。

（2）羽状边的宽度越宽，底材与涂层的过渡就越平顺，其宽度由旧漆层的厚度所决定，一般原厂涂层羽状边打磨后的宽度在3 cm左右。

（3）使用干净的擦拭纸配合吹尘枪清除打磨后板件上残留的粉尘。

完成情况：

□ 完成

□ 未完成，原因：

9. 清洁脱脂

具体步骤：

准备两块专用无纺擦拭纸，在其中一块上喷洒除油清洁剂，使其湿润。双手各拿一块擦拭纸。先用蘸有除油清洁剂的擦拭纸在工件上擦拭，再用另一块干燥的擦拭纸擦干工件上的清洁剂。

完成情况：

□ 完成

□ 未完成，原因：

10. 防锈处理

具体步骤：

较小面积时可采用抹涂方式在裸金属处刷涂环氧底漆。

完成情况：

□ 完成

□ 未完成，原因：

五、任务评价

底材处理考核评分表（满分100分）（时间20 min）

班级　　　姓名　　　学号　　　完成时间

考核时间	序号	考核项目	配分	评分标准	得分
20 min	1	安全防护	12分	未穿工作服（喷漆服）扣2分	
				未穿安全鞋扣2分	
				未戴防尘（防毒）口罩扣2分	
				未戴护目镜扣2分	
				未戴工作帽扣2分	
				未戴棉纱（耐溶剂）手套扣2分	
	2	漆面损伤评估	20分	损伤评估前未清洁除油扣5分	
				损伤评估方法不正确扣5分	
				损伤评估范围未作标记扣5分	
				损伤范围判断有误扣5分	
	3	损伤涂层去除	20分	打磨机选择错误扣4分	
				砂纸粒度选择错误扣3分	
				砂纸孔与打磨机磨垫集尘孔未对齐扣3分	
				去除损伤区域涂层错误扣5分	
				损伤范围内仍残余旧漆膜扣1分/处，共5分，扣完为止	
	4	羽状边打磨	30分	砂纸粒度选择错误扣5分	
				羽状边打磨方法错误扣5分	
				羽状边宽度小于1mm扣5分	
				羽状边打磨不平顺每处扣2分，共10分，扣完为止	
				羽状边打磨形状不规则扣1分	
				羽状边磨毛区大于5cm或小于3cm扣2分	
	5	防锈处理	12分	打磨完成后未进行清洁除油扣2分	
				未施涂环氧底漆扣5分	
				施涂环氧底漆范围过大扣3分	
				施涂环氧底漆太厚扣2分	
	6	6S	6分	底材处理完成后物品未复位，台面未清洁扣1～6分	
	分数合计		100分	实际得分	

学习任务二　原子灰的施工

一、任务描述

与汽车OEM车身涂装工艺相比，原子灰施工是汽车漆面修补涂装工艺中特有的一道工序。经过钣金修复的车身表面需要形成可以进行涂装的表面，最为有效、经济的方法就是对损伤区进行原子灰刮涂及打磨，使损伤区完全恢复损伤前形状。

二、学习目标

完成本次学习任务后，你应当能：
1. 掌握原子灰的选择的技能。
2. 掌握原子灰与固化剂搅拌的技能。
3. 掌握原子灰刮涂的技能。
4. 掌握原子灰整平的技能。

三、学习准备

（一）知识准备

通过对《汽车涂装基础》"项目四　常规漆面修复"理论基础的学习，完成下面有关内容：

1. 单项选择题

（1）适用于清除旧涂层，打磨羽状边，粗磨原子灰的双动作打磨机的偏心距为（　　　）。
　　A. 8～12 mm　　　　　　　　B. 6～9 mm　　　　　　　　C. 4～6 mm
（2）使用红外线烤灯烘烤原子灰时需要注意烤灯距离工件表面的距离，距离太近会造成（　　　）。
　　A. 原子灰印　　　　　　　　B. 起泡　　　　　　　　　　C. 针孔
（3）对于原厂漆面未造成金属变形的划痕，正确的处理方法是（　　　）。
　　A. 用P180打磨羽状边后刮涂原子灰
　　B. 用P240打磨羽状边后刮涂原子灰
　　C. 用P240～P320打磨羽状边后喷涂中涂底漆
（4）不可以大面积使用的原子灰是（　　　）。
　　A. 不饱和聚酯原子灰　　　　B. 柔性原子灰　　　　　　　C. 硝基原子灰
（5）弧度较大的部位刮涂原子灰时，刮板最好选择（　　　）。
　　A. 橡胶刮刀　　　　　　　　B. 硬刮板　　　　　　　　　C. 胶木板
（6）如果原子灰表面存在填眼灰难以填充的砂眼、砂纸痕，需要（　　　）。
　　A. 磨除砂眼、砂纸痕后刮涂原子灰
　　B. 薄刮原子灰填充
　　C. 喷涂中涂底漆填充
（7）使用干磨机打磨原子灰时，下列描述错误的是（　　　）。
　　A. 使用偏心距4～6 mm的双动作打磨机
　　B. 使用P320的干磨砂纸打磨原子灰的边缘至原子灰边缘平滑
　　C. 原子灰的外侧需要扩大打磨不小于15 cm的磨毛区

2. 填空题

（1）原子灰的施工主要包含＿＿＿＿、＿＿＿＿、＿＿＿＿等工序？

（2）在原子灰施工作业前，应该根据底材的材质的不同，选择合适的原子灰。对于车身钢板镀锌板、铝合金板等金属底材应该选用＿＿＿＿。塑料件最好选用＿＿＿＿。

（3）原子灰与原子灰用的固化剂混合比例为＿＿＿＿。

（4）原子灰有可用时间的限制，在常温20℃，可以保持＿＿＿＿左右。

（5）原子灰第一遍刮涂时，刮刀立起与板件角度控制在＿＿＿＿，第二遍刮涂时，刮刀与板件角度控制在＿＿＿＿。

（6）原子灰干燥时，可以借助红外线烤灯进行加速干燥，设定温度不超过＿＿＿＿，距离80 cm加热原子灰进行干燥。

3. 判断题

（1）添加固化剂的原子灰在反应时会产生热量，故检查原子灰是否干燥应检查原子灰刮涂比较薄的地方。（ ）

（2）干磨手刨主要用于原子灰的粗打磨。（ ）

（3）为了确保原子灰与底材的附着力牢固，在刮涂原子灰前需要将损伤部分的旧涂层完全清除，直至裸金属。（ ）

（4）用手检查原子灰是否平整，应沿手指、手掌方向纵向触摸检查。（ ）

（5）如果在镀锌钢板表面喷涂用于钢板的普通原子灰，原子灰和镀锌层会反应形成金属盐，导致金属腐蚀，原子灰脱落。（ ）

（6）原子灰表面可以擦涂免磨单组分填眼灰，以填充原子灰表面的砂眼。（ ）

（7）原子灰和固化剂的调配比例通常是体积分数为3%。（ ）

（8）判断原子灰和固化剂是否调和均匀的方法是看调配后的颜色是否均匀一致。（ ）

（9）手工打磨较小范围的原子灰时，可以用划圆圈的方式打磨，以免打磨范围过大。（ ）

（10）出现羽状边开裂，可以打磨至原子灰，重新刮涂原子灰填充开裂。（ ）

4. 论述题

（1）为什么原子灰第一遍要薄刮，每一道原子灰都要刮得薄？

（2）为什么刮涂原子灰应该使原子灰刮涂在羽状边范围内？

（3）简述原子灰刮涂及打磨的流程及注意事项。

（二）学习工具准备

教材、双动作打磨机、碳粉指示剂、工件、原子灰及固化剂、刮刀、刮板、搅拌棒、吹尘枪、打磨砂纸、除油剂、短波红外线烤灯、个人安全防护用品。

四、任务实施

实施步骤如下:

参训学生穿好工作服、安全鞋,将操作时用到的材料与工具整齐地摆放在操作台上。

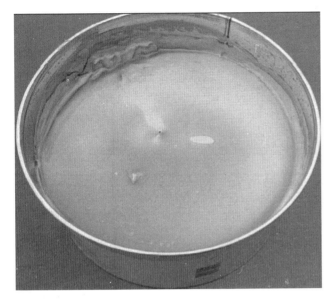

1. 穿戴安全防护用品

具体步骤:

正确穿戴耐溶剂手套、防毒口罩、护目镜。

完成情况:

□ 完成

□ 未完成,原因:

2. 混合原子灰基料

具体步骤:

(1)新开罐的原子灰或者隔夜再次使用的原子灰,罐中原子灰各成分会发生一定程度的分离,其中相对密度较大的颜料、填充物沉在底部,而相对密度较小的树脂、溶剂、添加剂则浮在上面,故在使用前务必用搅拌棒从罐底彻底地搅拌,使原子灰基料充分混合。

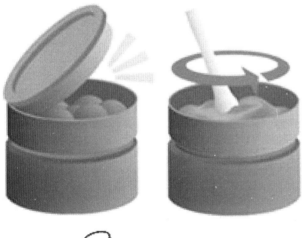

(2)原子灰用的固化剂使用前先打开管盖将存留在管内空气挤出,然后拧上管盖,用手掌在管外揉搓使固化剂均匀。

3. 量取原子灰

具体步骤：

目测评估原子灰刮涂面积，帮助确认调配原子灰的量。在调配原子灰时用刮刀把原子灰主剂拨在原子灰调合板上，原子灰固化剂按原子灰主剂质量的2%～3%的比例（参照供应商的要求调配）放在原子灰主剂的旁边。

完成情况：
□ 完成
□ 未完成，原因：

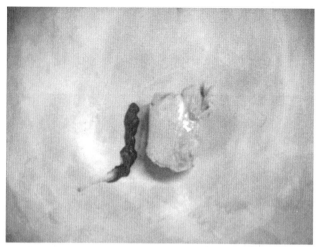

4. 搅拌原子灰与固化剂

具体步骤：

原子灰与固化剂的混合可根据原子灰的使用量选择在搅拌盘上进行或在刮刀上进行。判断是否搅拌均匀的方法是看颜色是否一致，因为原子灰用的固化剂一般为红色或黄色，如果搅拌后颜色不一致，就说明还没有搅拌均匀。

（1）用刮刀的尖端盛起固化剂，放在原子灰的中心部位。

（2）抓住刮刀，轻轻提起其端头，像画圆圈一样，从中心向外侧均匀搅合。

（3）从左侧铲起1/3的原子灰，翻转其余原子灰。

（4）将刮刀基本上与混合板持平，并将它向下压。一定要将刮刀在混合板上刮削，不要让原子灰留在刮刀上。

（5）用刮刀将1/2的原子灰铲起进行翻转。

（6）与步骤（4）相同，将刮刀基本上与混合板持平，并将它向下压，从步骤（3）重复。

（7）在进行步骤（3）～（6）时，原子灰往往向上朝混合板的顶部移动。在原子灰延展至混合板的边缘时，盛起全部原子灰，并且将它向混合板的底部翻转。重复步骤（3）～（6），直到原子灰充分混合。

完成情况：
□ 完成
□ 未完成，原因：

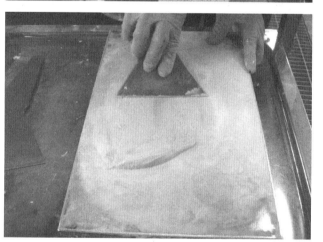

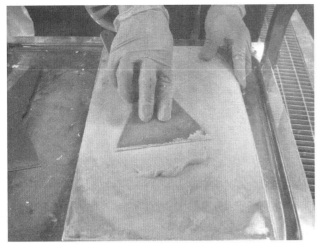

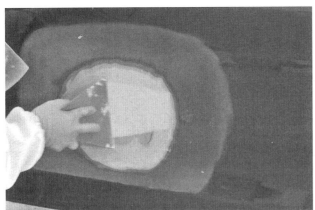

5. 原子灰的刮涂

具体步骤：

（1）第一道薄刮。

选用硬质刮刀，并将刮刀立起与板件角度控制在60°～90°，沿底材薄薄地压挤施涂，确保原子灰透入细小的划痕和针孔。此层原子灰只求平整，不求光滑。

（2）第二道填补原子灰。

将刮刀放平些，与板件角度控制在35°～45°左右，填补原子灰。此层原子灰仍以填平为主，不求光滑。施涂时的面积应略大于第一层原子灰的面积，注意边缘原子灰的平直性。

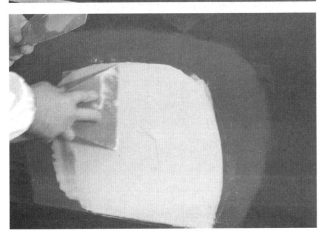

（3）第三道收光刮涂。

使用刮刀刮涂第三道原子灰，这一层原子灰主要填充前两层原子灰留下的砂孔以及遗漏的轻微凹陷，以光滑为主兼顾平整性。施涂时以手的压力与刮具弹性相结合，使施涂的原子灰层平整光滑，在表面刮平的同时，将原子灰边缘刮薄。此层原子灰层方向与上一层原子灰操作相同。局部施涂时的原子灰层面积稍大于上一层原子灰的面积，同时注意原子灰层边缘与旧涂层过渡平滑。对于汽车车身表面若隐若现的轮廓外形线，施涂时要注意其平直性。

完成情况：

□ 完成

□ 未完成，原因：

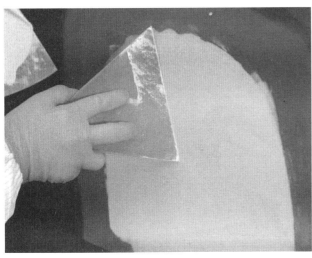

6. 原子灰的干燥

具体步骤：

为了缩短原子灰的干燥时间，可以使用短波红外线烤灯设定温度不超过50℃，距离70～100 cm加热原子灰进行干燥4～5 min。

完成情况：

☐ 完成

☐ 未完成，原因：

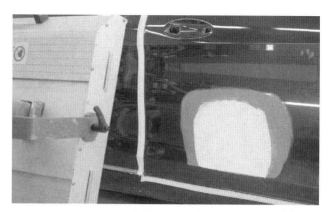

7. 原子灰的干燥判定

具体步骤：

在确定原子灰开始打磨之前，必须保证原子灰干燥完全，可以使用补灰板或指甲剥灰的边缘部分，如不能剥下，则可以进行打磨。

完成情况：

☐ 完成

☐ 未完成，原因：

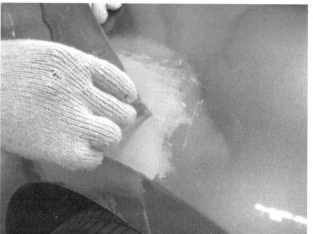

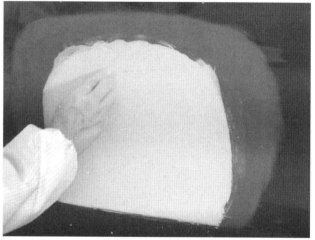

8. 原子灰的打磨

具体步骤：

（1）施涂打磨指示层。

原子灰本身没有亮度，表面刮涂不平整，砂眼、砂纸痕等瑕疵都不容易看出，可通过在原子灰上施涂打磨指示层来帮助判断表面状况。在每次更换砂纸、打磨工具时施涂打磨指示层。

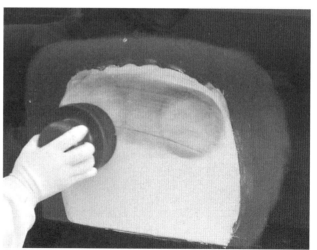

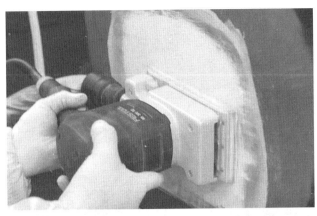

（2）原子灰粗磨。

根据原子灰涂层厚度及面积选用双动作打磨机、轨道式振动打磨机或手磨板配合P80～P120干磨砂纸对整个原子灰刮涂区域进行粗打磨，以消除原子灰范围内的刮刀痕，将平面大致打磨平整。

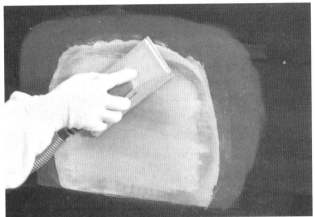

（3）原子灰中磨。

原子灰刮涂区域粗打磨完成后，改用手磨板等打磨工具配合P120～P180干磨砂纸处理边角等不适合使用打磨机的位置和用打磨机打磨后的原子灰表面修饰研磨，以及进一步需要修饰的部位，同时打磨时要一边触摸检查表面平整度，一边仔细打磨表面。同样为防止产生深的划痕，打磨工作要限制在原子灰覆盖的范围内，不得磨出原子灰的区域。

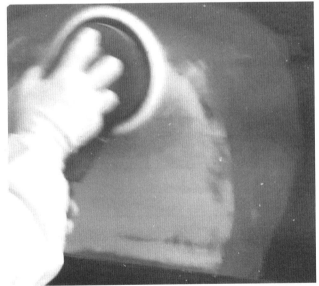

（4）原子灰精磨。

使用偏心距为5～7 mm的双动作打磨机配合P180～P240干磨砂纸打磨，此次可以轻轻打磨原子灰区域以外的地方，以调整原子灰和周边区域的段差，范围不宜太大，以超出原子灰范围1～2 cm为宜，边缘开始出现羽状。此阶段要求打磨恢复工件表面的形状，平整度符合要求，如左图所示，最后用双动作打磨机配合P320～P400砂纸打磨从原子灰边缘至喷涂中涂底漆的范围，宽度不少于10 cm。

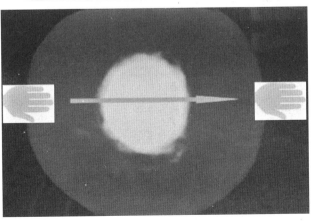

（5）原子灰打磨的确认。

如果在打磨过程中未及时地判断是否磨平，就非常容易出现打磨过度的现象，就不得不重新刮涂原子灰，所以在打磨过程中应不间断地用手触摸原子灰来判断是否研磨平整。触摸时，用手快速地从未损伤区滑向原子灰层再到未损伤区，以手指手掌上的触感来判断原子灰层的平面度。

完成情况：

□ 完成

□ 未完成，原因：

9. 原子灰打磨后的清洁脱脂

具体步骤：

确认原子灰打磨没问题后，用吹尘枪将原子灰表面的粉末和尘屑吹干净，吹尘枪尽量靠近原子灰表面，同时注意将原子灰砂眼内部的粉屑切底清除以防气泡的产生，最后使用干净的擦拭纸擦拭一遍。

完成情况：

☐ 完成

☐ 未完成，原因：

五、任务评价

原子灰的施工考核评分表（满分100分）（时间40 min）

班级　　　　姓名　　　　学号　　　　完成时间

考核时间	序号	考核项目	配分	评 分 标 准	得分
40 min	1	安全防护	12分	未穿工作服（喷漆服）扣2分	
				未穿安全鞋扣2分	
				未戴防尘（防毒）口罩扣2分	
				未戴护目镜扣2分	
				未戴工作帽扣2分	
				未戴棉纱（耐溶剂）手套扣2分	
	2	前处理	5分	原子灰选择错误扣3分	
				未进行清洁除油扣2分	
	3	原子灰的调配	15分	原子灰使用之前未搅拌扣2分	
				原子灰固化剂使用之前未搅拌扣2分	
				取原子灰后未及时将盖子盖上扣2分	
				取原子灰固化剂后未及时将盖子盖上扣2分	
				原子灰与固化剂比例不正确扣3分	
				原子灰与固化剂混合不够均匀扣4分	

（续表）

考核时间	序号	考核项目	配分	评分标准	得分
40 min	4	原子灰刮涂	30分	第一道未进行薄刮扣4分	
				刮涂原子灰方法不正确酌情扣1～5分	
				原子灰刮涂范围超出羽状边磨毛区扣3分	
				刮涂废原子灰大于使用量的1/2扣3分	
				结束刮涂后未将板面凹坑填满扣3分	
				刮刀痕迹明显扣3分	
				原子灰边口有明显台阶扣3分	
				原子灰刮涂结束后未及时清洁刮刀扣3分	
				原子灰干燥时温度过高扣3分	
	5	原子灰打磨	30分	每道砂纸更换打磨前未施涂打磨指示剂扣2分	
				打磨机操作不正确扣2分	
				打磨砂纸选择错误，跳号超过100扣2分	
				原子灰打磨平整度酌情扣1～20分	
				有较大的砂眼，中涂底漆填充不了扣2分	
				打磨作业完成后未清洁扣2分	
	6	6S	8分	原子灰施工完成后物品未复位，台面未清洁扣1～8分	
分数合计			100分	实际得分	

学习任务三　中涂底漆的施工

一、任务描述

当汽车受损区域已做底材处理及原子灰施工后，为使修补后的涂层与原厂涂层一致，必须喷涂双组分中涂底漆。中涂底漆起封闭底材涂层和填充的作用，为面漆喷涂提供良好的基础，以提高面漆的鲜映性和丰满度。

二、学习目标

完成本次学习任务后，你应当能：
1. 掌握中涂底漆喷涂作业前的贴护遮蔽技巧。
2. 掌握中涂底漆喷涂时喷枪正确调整的方法。
3. 掌握中涂底漆调配、喷涂、干燥的技能。
4. 掌握中涂底漆干燥后的干磨整平技能。

三、学习准备

(一)知识准备

通过对《汽车涂装基础》"项目四　常规漆面修复"理论基础的学习，完成下面有关内容：

1. 单项选择题

（1）中涂底漆按照喷灰的方式可以喷涂的最大厚度为（　　　）。
　　A. 0.1 mm　　　　　　　　B. 0.2 mm　　　　　　　　C. 0.3 mm
（2）HVLP喷枪在喷涂免磨中涂底漆时设置的气压为（　　　）。
　　A. 200～300 kPa　　　　　B. 150～200 kPa　　　　　C. 300～350 kPa
（3）单组分中涂底漆和双组分中涂底漆对比，下列说法正确的是（　　　）。
　　A. 单组分中涂底漆自然干燥速度快
　　B. 单组分中涂底漆隔离性好
　　C. 单组分中涂底漆填充性好
（4）关于使用和面漆相同灰度值的中涂底漆的好处，以下说法不正确的是（　　　）。
　　A. 面漆用量省　　　　　　B. 施工时间短　　　　　　C. 面漆质量高
（5）喷涂中涂底漆时，应遵守的原则是（　　　）。
　　A. 从小到大　　　　　　　B. 从大到小　　　　　　　C.喷涂面积控制在略大于中涂底漆

2. 填空题

（1）中涂底漆的施工主要包含_____、_____、_____等作业工序？
（2）中涂底漆喷涂作业前的贴护遮蔽的目的是_____。
（3）中涂喷涂作业前的贴护遮蔽主要采用的方法是_____。
（4）通常在常温（20℃）时中涂底漆的活化时间为_____。
（5）汽车漆面修补作业中，中涂底漆一般喷涂层，干燥后的涂膜厚度为_____。
（6）中涂底漆喷涂时，每道需要间隔闪干_____。

（7）中涂底漆喷涂完成后，对于局部修补而言，可以采用红外线烤灯进行强制干燥，烘烤温度不可超过_____。烤灯灯头距离板件距离_____左右，持续烘烤_____。

（8）在中涂底漆彻底干燥后，便可以进行干磨整平作业，由于中涂底漆本身没有亮度，难以判断哪些部位有缺陷，为了快速找出潜在缺陷，可以在中涂底漆打磨前施涂_____。

（9）中涂底漆干磨整平作业时，砂纸正确的切换顺序为_____。

3. 判断题

（1）干磨手刨主要用于原子灰、中涂底漆的粗打磨。（　）

（2）打磨中涂底漆前不需要喷涂碳粉指示层。（　）

（3）对于中涂底漆纹理较粗或填充过原子灰的区域，可以使用手刨配合P180的干磨砂纸打磨整平。（　）

（4）中涂底漆打磨后，露出的原子灰直径小于5 cm，可以直接喷涂面漆。（　）

（5）中涂底漆没有完全干燥前即喷涂面漆可能会导致原子灰印。（　）

4. 论述题

（1）为什么喷涂中涂底漆前应采用反向遮蔽？

（2）打磨中涂底漆的正确方法。

（3）中涂底漆的打磨标准。

（二）学习工具准备

教材、双动作打磨机、碳粉指示剂、中涂底漆喷枪、工件、中涂底漆、调漆比例尺、调漆杯、滤纸、吹尘枪、打磨砂纸、粘尘布、无纺擦拭纸、除油剂、短波红外线烤灯、个人安全防护用品等。

四、任务实施

实施步骤如下：

参训学生穿好工作服、安全鞋，将操作时用到的材料与工具整齐地摆放在操作台上。

1. 穿戴安全防护用品

   具体步骤：

   正确穿戴耐溶剂手套、防毒口罩、护目镜。

   完成情况：

   □ 完成

   □ 未完成，原因：

2. 中涂底漆喷涂前的遮蔽贴护

   具体步骤：

   喷涂中涂底漆前，为了防止喷涂过程中产生的虚漆、漆雾粘到其他未受损工件、密封条、装饰条表面，需要对相关部位进行遮蔽贴护。

   完成情况：

   □ 完成

   □ 未完成，原因：

3. 中涂底漆的调配

   具体步骤：

   现今常用的都是双组分中涂底漆，在调配时需要严格按照说明添加固化剂和稀释剂，不可随意改变添加量或以其他品牌的类似产品代替，调配好的涂料应尽快使用，具体操作如下：

   （1）根据底色漆的灰度选择合适的中涂底漆灰度值，可查阅涂料生产厂商的资料。

   （2）为达到完美修补，建议使用双组分中涂底漆。注意根据喷涂面积合理地调配中涂底漆用量，避免浪费。

   （3）根据产品使用说明，按规定比例添加固化剂与稀释剂，并充分搅拌。

   完成情况：

   □ 完成

   □ 未完成，原因：

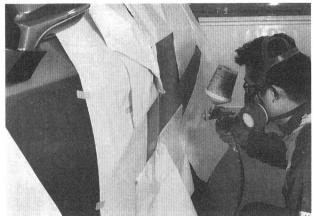

4. 中涂底漆的喷涂
具体步骤：

（1）底漆喷涂前的清洁脱脂。

使用除油清洁剂对整个待喷工件表面进行除油清洁后，用粘尘布轻轻擦拭喷涂表面。

（2）中涂底漆喷涂。

中涂底漆一般喷2～3层，涂层厚度可达50～70 μm，喷涂时每层间留足够的静置时间，使中涂底漆中的溶剂挥发，直至中涂底漆失去部分光泽，一般需要5 min左右。

完成情况：

☐ 完成

☐ 未完成，原因：

5. 中涂底漆干燥
具体步骤：

中涂底漆喷涂完成后，闪干5～10 min，可以使用红外线烤灯对喷涂部位进行局部烘烤，加速中涂底漆的干燥速度，烘烤温度不超过60℃，烤灯灯头距离板件距离80 cm左右，持续烘烤15～20 min，烘烤中时常观察表面，尽量避免中涂底漆在烘烤过程中出现过热导致起皮、鼓泡等不良现象。

完成情况：

☐ 完成

☐ 未完成，原因：

6. 中涂底漆打磨
具体步骤：

（1）中涂底漆干燥确认。

用手触摸确认被烘烤部位已经冷却（可用吹风枪加速降温），并且用手指甲轻轻刮底漆的最外缘，检查底漆是否完全干燥，确认中涂底漆干燥后，拆下车身上贴护遮蔽用的材料。

（2）施涂碳粉指示剂。

由于中涂底漆本身没有亮度，所以打磨前要在中涂底漆上涂抹一层打磨指示层，以便在打磨时能判断哪些部位还有缺陷，能更好更快地找出潜在缺陷，注意在每次更换砂纸、打磨工具时施涂打磨指示层。

（3）粗研磨整平。

使用手磨板配合P280～P320干磨砂纸手工研磨，以对原来施涂原子灰的区域进行整平，打磨消除缺陷。

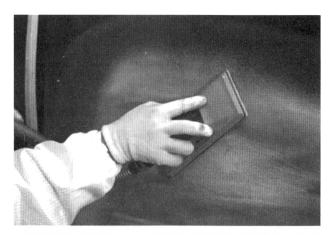

（4）细磨。

改用偏心距为3 mm的双动作打磨机配合P400～P500干磨砂纸打磨，打磨的范围要覆盖P320的研磨范围，以消除砂纸痕，使漆面更加平整、光滑，注意操作机器时要平贴、轻放、慢慢动，每道打磨重叠均匀，在打磨作业过程中，打磨头要多呈米字形多方向性地移动。

（5）过渡处理（精细打磨）。

使用偏心距为3 mm的双动作打磨机配合P1000精磨砂棉进行精细打磨，打磨需要覆盖整个P400打磨区域，同时需要打磨喷涂清漆的旧漆层，打磨效果需要达到颜色驳口研磨要求。边角部位或打磨头难以打磨到的部位可用灰色菜瓜布、海绵砂纸手工打磨。

完成情况：

□ 完成

□ 未完成，原因：

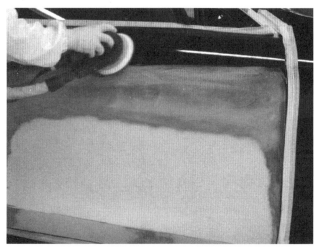

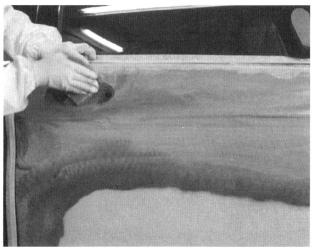

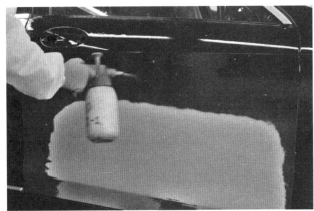

7. 中涂底漆打磨后的清洁脱脂

具体步骤：

使用吹尘枪配合干的无纺擦拭纸清除板件上的打磨粉尘，然后将除油清洁剂均匀地喷涂在整个工件表面上，并在除油清洁剂未干燥时使用干净的无纺擦拭纸擦拭一遍。

完成情况：

□ 完成

□ 未完成，原因：

五、任务评价

中涂底漆施工前处理（原厂新板件）考核评分表（满分100分）（时间20 min）

班级　　　　姓名　　　　学号　　　　完成时间

考核时间	序号	考核项目	配分	评分标准	得分
20 min	1	安全防护	18分	未穿工作服（喷漆服）扣3分	
				未穿安全鞋扣3分	
				未戴防尘（防毒）口罩扣3分	
				未戴护目镜扣3分	
				未戴工作帽扣3分	
				未戴棉纱（耐溶剂）手套扣3分	
	2	电泳涂层打磨	30分	打磨作业前未清洁除油扣5分	
				打磨作业前未检查电泳涂层扣5分	
				砂纸选择错误扣5分	
				打磨机选择错误扣5分	
				打磨方法不正确扣5分	
				打磨作业完成后未清洁除油扣5分	
	3	打磨效果检查	40分	桔皮未打磨透扣4分/处	
				缺陷部位未打磨平顺扣4分/处	
	4	6S	12分	中涂底漆前处理完成后物品未复位，台面未清洁扣1～12分	
	分数合计		100分	实际得分	

环氧底漆、中涂底漆调配考核评分表（满分100分）（时间20 min）

班级　　　　姓名　　　　学号　　　　完成时间

考核时间	序号	考核项目	配分	评 分 标 准	得分
20 min	1	安全防护	12分	未穿工作服（喷漆服）扣2分	
				未穿安全鞋扣2分	
				未戴防毒口罩扣2分	
				未戴护目镜扣2分	
				未戴工作帽扣2分	
				未戴耐溶剂手套扣2分	
	2	环氧底漆调配	40分	使用前未查看涂料的使用说明扣4分	
				调配前环氧底漆尚未进行搅拌扣4分	
				调漆杯选择不正确（调漆杯上下直径不一致）扣4分	
				调漆尺选择不正确（与该涂料品牌不同）扣4分	
				倒完涂料后未及时清洁涂料罐扣4分	
				稀释剂型号选择不正确扣4分	
				固化剂型号选择不正确扣4分	
				环氧底漆与稀释剂、固化剂配比不正确扣4分	
				环氧底漆与稀释剂、固化剂调配后未充分搅拌扣4分	
				调漆尺未及时清洁扣4分	
				喷枪与喷壶安装方法不正确扣4分	
	3	中涂底漆调配	40分	使用前未查看涂料的使用说明扣4分	
				调配前中涂底漆尚未进行搅拌扣4分	
				调漆杯选择不正确（调漆杯上下直径不一致）扣4分	
				调漆尺选择不正确（与该涂料品牌不同）扣4分	
				倒完涂料后未及时清洁涂料罐扣4分	
				稀释剂型号选择不正确扣4分	
				固化剂型号选择不正确扣4分	
				中涂底漆与稀释剂、固化剂配比不正确扣4分	
				中涂底漆与稀释剂、固化剂调配后未充分搅拌扣4分	
				调漆尺未及时清洁扣4分	
				喷枪与喷壶安装方法不正确扣4分	
	4	6S	8分	底材处理完成后物品未复位，台面未清洁扣1～8分	
	分数合计		100分	实际得分	

环氧底漆、中涂底漆喷涂考核评分表（满分100分）（时间30min）

班级　　　　姓名　　　　学号　　　　完成时间

考核时间	序号	考核项目	配分	评 分 标 准	得分
30 min	1	安全防护	18分	未穿工作服（喷漆服）扣3分	
				未穿安全鞋扣3分	
				未戴防毒口罩扣3分	
				未戴护目镜扣3分	
				未戴工作帽扣3分	
				未戴耐溶剂手套扣3分	
	2	环氧底漆喷涂	12分	环氧底漆喷涂前未粘尘扣2分	
				粘尘方法不正确扣2分	
				未调整出漆量或调整不正确扣2分	
				未调整喷幅或调整不正确扣2分	
				未调整喷涂气压或调整不正确扣2分	
				未进行试喷或试喷方法不正确扣2分	
	3	中涂底漆喷涂	10分	未调整出漆量或调整不正确扣2分	
				未调整喷幅或调整不正确扣2分	
				未调整喷涂气压或调整不正确扣2分	
				未进行试喷或试喷方法不正确扣2分	
				层与层之间未进行闪干扣2分	
	4	环氧底漆喷涂效果检查	20分	喷涂太薄，未形成一个连续薄层扣7分	
				喷涂太厚，形成湿喷扣7分	
				漏喷扣2分/处，共6分，扣完为止	
	5	中涂底漆喷涂效果检查	30分	中涂底漆流挂扣5分/处，共10分，扣完为止	
				中涂底漆漏喷扣5分/处，共10分，扣完为止	
				中涂底漆表面粗糙，酌情扣1～10分	
	4	6S	10分	喷涂完成后物品未复位，台面、喷枪未清洁扣1～10分	
分数合计			100分	实际得分	

中涂底漆打磨考核评分表（满分100分）（时间20 min）

班级　　　　姓名　　　　学号　　　　完成时间

考核时间	序号	考核项目	配分	评 分 标 准	得分
20 min	1	安全防护	18分	未穿工作服（喷漆服）扣3分	
				未穿安全鞋扣3分	
				未戴防尘（防毒）口罩扣3分	
				未戴护目镜扣3分	
				未戴工作帽扣3分	
				未戴棉纱（耐溶剂）手套扣3分	

(续表)

考核时间	序号	考核项目	配分	评 分 标 准	得分
20 min	2	中涂底漆涂层打磨	20分	打磨作业前未检查中涂底漆的喷涂状况扣2分	
				打磨前未施涂打磨指示剂扣2分	
				砂纸型号选择错误扣2分	
				打磨机选择错误扣2分	
				打磨机开启方法不正确扣2分	
				打磨方法不正确扣2分	
				未使用三维打磨材料（菜瓜布）打磨边角扣2分	
				菜瓜布型号选择不正确扣2分	
				打磨作业完成后未清洁除油扣4分	
	3	打磨效果检查	50分	打磨不彻底扣5分/处，共20分，扣完为止	
				磨穿扣5分/处，共20分，扣完为止	
				打磨痕迹明显扣5分/处，共10分，扣完为止	
	4	6S	12分	打磨完毕后所有物品未复位，台面未清洁扣1～12分	
分数合计			100分	实际得分	

（续表）

学习任务四　面漆的施工

一、任务描述

面漆施工是汽车漆修补涂装的最后一个环节,也是用户评价修理质量的客观依据。因此掌握面漆喷涂过程的各种要领是汽车修补漆作业者应具备的基本技能。

二、学习目标

完成本次学习任务后,你应当能:

1. 掌握面漆喷涂作业前的贴护遮蔽技巧。
2. 掌握底色漆的调配技巧。
3. 掌握清漆的调配技巧。
4. 掌握面漆喷涂时喷枪的调整技巧。
5. 掌握底色漆、清漆的喷涂技巧。

三、学习准备

(一)知识准备

通过对《汽车涂装基础》"项目四　常规漆面修复"理论基础的学习,完成下面有关内容:

1. 单项选择题

(1) 底色漆雾喷时喷幅重叠幅度一般为(　　)。

　　A. 1/2

　　B. 1/3

　　C. 3/4

(2) 水性底色漆喷枪的喷嘴口径一般为(　　)。

　　A. 1.2～1.3 mm

　　B. 1.3～1.4 mm

　　C. 1.5～1.7 mm

(3) 关于三工序珍珠漆颜色层的喷涂,以下说法错误的是(　　)。

　　A. 颜色层必须完全遮盖中涂底漆

　　B. 最后一层应以1∶1的比例添加接口稀释剂向外延伸喷涂,以实现平滑的晕色区域

　　C. 每一层色漆喷涂后应充分闪干后才可再喷涂下一层

2. 填空题

(1) 面漆的施工主要包含_____、_____、_____等作业工序。

(2) 人们可感知的光源是一种波长为_____的光源。

(3) 影响颜色的三个要素分别为_____、_____与_____。

(4) 颜色的三属性分别为_____、_____与_____。

(5) 完成汽车底色漆调色的流程图。

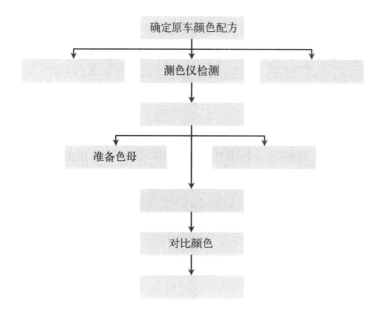

（6）进行面漆喷涂时，尽量选择环保省漆喷枪，喷枪口径为_____。

3. 判断题

（1）稀释剂用量过少，会使双工序银粉、珍珠底色漆遮盖力差，容易起花。　　（　　）
（2）调配色漆前需要确保色母已经搅拌均匀，否则会导致颜色不准确。　　　　（　　）
（3）纯色漆含有纯色颜料，银粉漆含有铝粉，珍珠漆含有云母颜料。　　　　　（　　）
（4）底色漆闪干时间不充足就喷涂清漆，会使清漆中所含的溶剂溶解底色漆，导致发花。（　　）
（5）三工序珍珠漆的底色漆大多选择纯色色漆，也有少部分使用银粉漆。　　　（　　）
（6）单工序面漆不需要再喷涂清漆。　　　　　　　　　　　　　　　　　　　（　　）
（7）通常，烤干清漆需要工件表面达到80℃后保持30 min。　　　　　　　　　（　　）
（8）喷涂清漆层的作用是保护底色漆、抗紫外线及提高光泽度。　　　　　　　（　　）

4. 论述题

（1）喷涂面漆前应使用什么材料进行遮蔽？

（2）面漆按施工工序可以分为哪几种？

（3）喷涂双工序银粉漆可以使用什么喷枪？如何调试？

（4）施工条件、喷涂手法、喷涂环境对银粉漆、珍珠漆的排列、颜色会造成怎样的影响？

（5）喷涂清漆可以使用什么喷枪？如何调试？

（二）学习工具准备

教材、面漆喷枪、工件、遮蔽纸、遮蔽膜、遮蔽纸胶带、油漆调配工具设备、色母、清漆、调漆比例尺、调漆杯、滤纸、吹尘枪、粘尘布、无纺擦拭纸、除油剂、烤漆房、水性漆吹风枪、个人安全防护用品等。

四、任务实施

实施步骤如下：

参训学生穿好工作服、安全鞋，将操作时用到的材料与工具整齐地摆放在操作台上。

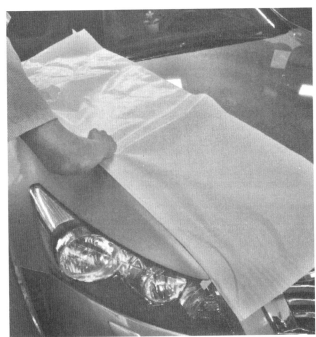

1. 穿戴安全防护用品

   具体步骤：

   正确穿戴耐溶剂手套、防毒口罩（供气面罩）、护目镜、喷漆服。

   完成情况：

   □ 完成

   □ 未完成，原因：

2. 面漆喷涂前贴护遮蔽

   具体步骤：

   汽车面漆喷涂前，为了保护修补部位以外范围不受漆雾、灰尘的污染，因此就要对非修补区域进行覆盖保护，这就是所谓的贴护遮蔽，遮蔽所用到的主要材料就是遮蔽纸/膜，专业的遮蔽纸不容易沾附灰尘、耐溶剂性及耐渗透性强。遮蔽是非常重要的工作，所有部分修补涂装（包括点修补、驳口修补和局部修补）在喷漆前，都要对喷涂区域周围的区域进行遮蔽保护，修补面积较大或点较多时还需进行整车遮蔽。

   完成情况：

   □ 完成

   □ 未完成，原因：

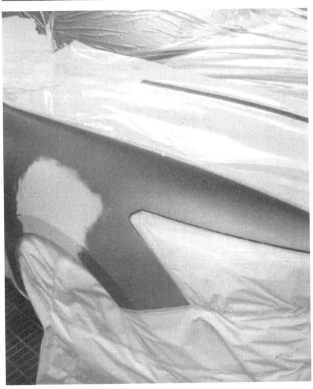

3. 底色漆的调配

具体步骤：

（1）清洁除油脱脂。

清洁你所匹配的车身区域，因为车身板件上的漆面会因氧化降低光泽影响色彩，使用除油剂或粗蜡恢复板件上邻近的部位光泽及色彩。

（2）确定原车颜色配方。

在实际调色过程中，根据车漆不同情况选择不同的配方查找方法，通常待修补车辆还是原厂漆时，用查找车身颜色代码来确定初始配方更为准确，车辆标示铭牌上会标明该车颜色代码，注明车身颜色。然后依据颜色代码找到的色卡与车身进行比对，须注意色彩匹配跟金属漆颗粒粗细度，珍珠漆还须仔细检查颗粒闪烁颜色。

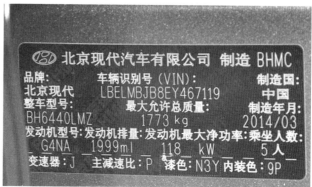

如果汽车车身漆面已经有过修补或找不到颜色代码时，用涂料供应商提供的专用比色色卡组对比找出最接近的色卡颜色来确定初始配方；当无法用前两种方法获得初始配方的时候，便可用测色仪检测以获得初始配方。

（3）获得初始配方。

获取车身颜色代码后，可以通过涂料供应商的官方网站或配方查询光盘查询漆面颜色初始配方，需要输入车色代号、汽车生产商、生产年份、车型等信息，便可快速地找到修补车辆的颜色配方，以此配方作为起点，进行颜色微调，可以节省很多时间。

（4）准备色母。

为了确保色母重现准确的颜色，使用前必须开启涂料搅拌架电动机开关彻底地搅拌 15～20 min。然后取下初始配方对应的色母罐，将其整齐地摆放在调漆操作台上。

（5）准确称量。

• 各色母称量

取出一个调漆杯放置于电子秤上，然后按压开启电源或归零键。根据所查配方量将各色母倒入调漆杯中。注意当调配量过小时，色母的称量准确度会有所降低，颜色会不准确，因此每个配方系统都设置了最小调配量。

称量色母时注意以下几点：

① 有把握时可以一次调够数量，没有把握时先根据配方调出小样。

② "宁少勿多"，对某个色母数量没有完全把握，可以先少加点。

③ 应该把电子秤放在稳固的桌面上，可以减少因为振动引起的误差。

④ 尽量减少空气对流而影响电子秤的准确性，如风、人员走动、门窗开关等。

⑤ 现在修补涂料工作中使用的电子秤精度都是0.1的，第二位的小数部分看不到，需要在心里估算。

• 搅拌均匀

使用搅拌尺将称量好的色母搅拌均匀。

（6）喷涂试色板。

喷涂试色板非常重要，可大大降低颜色的不准确性。金属漆在干、湿两种状态下会存在颜色不一致的现象，水性漆变化更大，不同的设备、不同的施工工艺都会造成颜色不一致，故需按标准工艺喷涂试色板，在试色板干燥的情况下进行比色；相较金属漆，素色漆不存在正/侧面的变化，且喷涂工艺对颜色影响不大，可通过试色板施涂的方法进行比色。通常金属漆干燥后颜色会变浅，素色漆干燥后颜色会变深。

喷涂试色板操作：

① 将调和好颜色的涂料取出大约30 g放置在另一个调漆杯中，并按规定比例倒入稀释剂进行稀释。

② 调配适量的清漆。

③ 使用125 μm网眼的尼龙过滤漏斗将底色漆过滤到面漆喷枪喷壶中。

④ 将喷涂试色板贴在底板上，准确调整喷枪出漆量、喷幅、气压三个参数。

⑤ 试喷操作，测试喷枪的喷辐是否合适。

⑥ 在试色板上喷涂第一层底色漆，并检查

第一层底色漆喷涂后效果,然后使用吹风筒吹干。

⑦ 在试色板上喷涂第二层底色漆,并检查第二层底色漆喷涂后效果,然后使用吹风筒吹干。

⑧ 重新调整喷枪,在试色板上喷涂第三层,即效果层,并检查喷涂后效果。

⑨ 在喷涂清漆之前,先调整好清漆喷枪的各个参数,然后在试色板上喷涂清漆,并检查清漆喷涂后的效果。

在制作喷涂试色板时要注意:

第一,试色板的面积大小合适,通常尺寸是10 cm×15 cm。

第二,喷涂试色板时应采用不同的喷涂方法,以衡量能否通过调整喷涂手法使颜色相匹配,但必须保证喷涂车身能够采用同样的喷涂方法,即喷涂试色板的方法与喷涂车身的方法必须保证一致,喷涂工具也必须一致。

(7)对比颜色。

将喷好的试色板放入恒温干燥箱干燥后再与车身做比较,颜色符合就可施工,颜色不符合就要进行微调,对比颜色时要注意以下几点:

① 将车辆停在光线充足的地方进行比色,避免出现条件等色,一般在实际调色中通常在厂房内和厂房外两个地方比色。

② 观察颜色的角度将影响比色、调色的精确度。比色时应从多个角度观察,从正面、半侧面、侧面分析颜色是否一致。微调时,正、侧面只能保证某一面颜色一致时,应尽量选择侧面的颜色一致。

③ 比色时,充分考虑影响修补区域的因素:老化、失光、氧化等。一般在比色前先将修补区周围漆面抛光。

(8)颜色微调。

在确定目标板、配色板两块试色板之间的差异后,便可进行微调。通常有两种微调的方法:减量法和加量法。

① 减量法:根据初始配方,减去配方中某些色母的质量进行颜色调整。

② 加量法:根据初始配方,向涂料中添加所需的色母进行颜色调整。

当配方板比目标板更深、更浑浊时,可采用减量法进行微调;反之,可采用加量法进行微调。

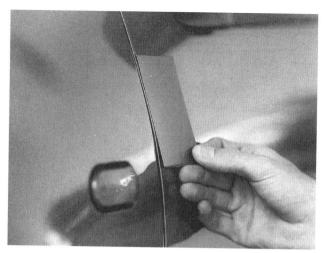

完成情况：
□ 完成
□ 未完成，原因：

4. 清漆的调配

具体步骤：

（1）查阅清漆产品使用说明，并确认合适的施工工艺。

（2）将调漆比例尺（2∶1）直立放入调漆杯中。

（3）将清漆主剂倒入，眼睛紧盯比例尺刻度到6的地方。

（4）倒入固化剂到调漆比例尺固化剂刻度6的地方。

（5）倒入稀释剂到比例尺刻度5%的地方。

（6）使用涂料搅拌尺搅拌清漆、稀释剂和固化剂，使其充分混合。

（7）清洁调漆尺以备下次使用。

完成情况：
□ 完成
□ 未完成，原因：

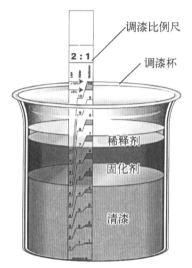

5. 底色漆的喷涂

具体步骤：

（1）喷枪选择。

进行底色漆喷涂作业前，建议选择HVLP环保省漆面漆喷枪，口径为1.3 mm。

（2）涂料过滤。

将稀释后的水性底色漆通过滤纸过滤到面漆喷枪枪壶中。

（3）喷枪参数调节与试喷。

喷枪装入涂料后，通过枪尾的快速连接头连接压缩空气，参照涂料厂商产品资料，通过调节出漆量调节旋钮、喷幅调节旋钮、气压调节旋钮设定喷枪的喷涂参数，设定好喷枪后，检查风帽是否在最合理的位置，并在试喷纸上进行喷幅测试，以确保喷枪的调整效果。

（4）清洁。

喷涂面漆前，需要对工件表面进行除油清洁。

（5）喷涂。

完成准备工作后，开始喷涂底色漆，通常喷涂三层。

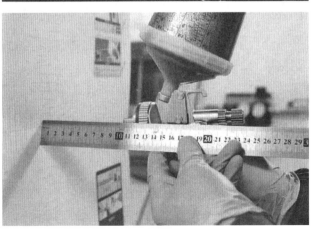

第一层喷涂，根据不同颜色的遮盖效果，

按30%～70%的颜色遮盖进行喷涂，注意不能喷涂得太湿。合适的喷涂可缩短底色漆自然闪干时间（水性漆可用吹风筒强制吹干），同时可以降低涂料的消耗。

第二层，待第一层完全闪干后，方可喷涂第二层。均匀地喷涂一个湿涂层，达到对底材100%的遮盖，起到颜色供给的作用。

第三层，待第二层完全闪干后，方可喷涂第三层。

完成情况：

□ 完成

□ 未完成，原因：

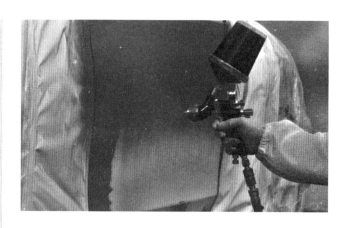

6. 清漆的喷涂

具体步骤：

（1）喷枪选择。

进行清漆喷涂作业前，建议选择HVLP环保省漆面漆喷枪，口径为1.3 mm。

（2）喷枪参数调节与试喷。

喷枪的调整对喷涂最终效果起着决定性的作用，建议在清漆喷涂时出漆量全开、喷幅全开、气压2 bar，在设定好喷枪后，检查风帽是否在最合理的位置，并在试喷纸上进行喷幅测试，以确保喷枪的调整效果。

（3）清漆喷涂。

待底色漆完全闪干后，方可喷涂清漆，通常喷涂两层，如下图所示。

第一层，中湿喷，即喷涂湿度的50%～70%，使漆面有一定的光泽，不可太湿，这样可减少闪干时间，提高施工效率。

第二层，待第一层清漆闪干5～10 min后，可用手指做指触测试（在遮蔽纸区域或不是装饰面做指触测试），待清漆不拉丝后方可喷涂第二层清漆，湿喷，即全湿度100%的喷涂，使漆面光亮、饱满。

（4）烘烤干燥。

待第二层清漆闪干5～10 min，开启汽车喷烤漆房的红外线烤灯进行板件烘烤，烘烤温度控制在60℃，烘烤时间为30 min。

完成情况：

□ 完成

□ 未完成，原因：

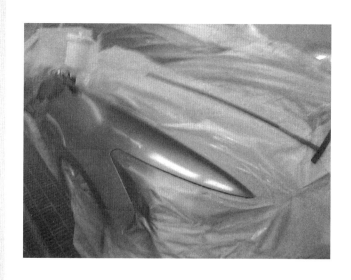

五、任务评价

调漆考核评分表（满分100分）（时间30 min）

班级　　　姓名　　　学号　　　完成时间

考核时间	序号	考核项目	配分	评 分 标 准	得分
30 min	1	安全防护	12分	未穿工作服（喷漆服）扣2分	
				未穿安全鞋扣2分	
				未戴防毒面罩扣2分	
				未戴护目镜扣2分	
				未戴工作帽扣2分	
				未戴耐溶剂手套扣2分	
	2	调配过程	30分	颜色索取不正确扣3分	
				计量色母不正确扣3分	
				电子秤操作结束后未及时关闭扣3分	
				水性漆未进行干、湿对色扣3分	
				喷涂试色板前未调整喷枪扣3分	
				喷涂试色板方法不正确扣3分	
				未在试色板完全干燥后进行对色扣3分	
				未在多种光源下进行对色扣3分	
				比色方法不正确扣3分	
				未记录添加到色母扣3分	
	3	清漆喷涂	50分	色母选择不正确扣10分	
				试色板缺陷扣10分	
				测色仪测得 ΔE 2.0以下扣10分，测色仪测得 ΔE 2.0~4.0扣15分，测色仪测得 ΔE 4.0~6.0扣20分，测色仪测得 ΔE 6.0~8.0扣25分，测色仪测得 ΔE 8.0以上扣30分	
	4	6S	8分	油漆调配完毕后物品未复位，台面、喷枪未清洁扣1~8分	
分数合计			100分	实际得分	

面漆喷涂考核评分表（满分100分）（时间30 min）

班级　　　姓名　　　学号　　　完成时间

考核时间	序号	考核项目	配分	评 分 标 准	得分
30 min	1	安全防护	12分	未穿工作服（喷漆服）扣2分	
				未穿安全鞋扣2分	
				未戴防毒面罩扣2分	
				未戴护目镜扣2分	
				未戴工作帽扣2分	
				未戴耐溶剂手套扣2分	

（续表）

考核时间	序号	考核项目	配分	评 分 标 准	得分
30 min	2	底色漆喷涂	24分	底色漆喷涂前未粘尘扣2分	
				粘尘方法不正确扣2分	
				未调整出漆量或调整不正确扣4分	
				未调整喷幅或调整不正确扣4分	
				未调整喷涂气压或调整不正确扣4分	
				未进行试喷或试喷方法不正确扣4分	
				层与层之间未进行充分闪干扣4分	
	3	清漆喷涂	12分	清漆喷涂前未判断底色漆是否干燥扣2分	
				未调整出漆量或调整不正确扣2分	
				未调整喷幅或调整不正确扣2分	
				未调整喷涂气压或调整不正确扣2分	
				未进行试喷或试喷方法不正确扣2分	
				层与层之间未进行指触测试扣2分	
	4	喷涂效果检查	40分	底色漆起云发花扣1~5分	
				底色漆露底扣1~5分	
				底色漆咬底扣1~5分	
				清漆流挂扣1~5分	
				清漆失去光泽扣1~5分	
				清漆纹理不均匀扣1~5分	
				鱼眼、油点扣1~5分	
	5	6S	12分	喷涂完毕后物品未复位，台面、喷枪未清洁扣1~12分	
	分数合计		100分	实际得分	

项目五　喷枪的清洗与保养

学习任务一　喷枪的介绍

一、任务描述

空气喷枪是汽车涂装修补作业最为重要的工具之一，它可以将涂料均匀地喷涂在车身表面，从而使车身获得良好的防腐与美容装饰效果。喷枪的基本工作原理就是在一定压力的压缩空气从喷嘴的环形孔喷出时在喷嘴前形成负压，涂料在气压作用下，通过中心孔道被抽出，涂料与压缩空气相会后，分散成细小涂料颗粒，在车身表面上形成漆膜。

二、学习目标

完成本次学习任务后，你应当能：
1. 了解喷枪的工作原理。
2. 了解喷枪的种类。
3. 了解喷枪的基本结构。
4. 掌握喷枪的基本调整技巧。
5. 掌握喷枪喷涂时的运枪方法。

三、学习准备

（一）知识准备

通过对《汽车涂装基础》"项目五　喷枪的清洗与保养"理论基础的学习，完成下面有关内容：

1. 单项选择题

（1）下列喷枪适用于小面积喷涂，或作局部修补的是（　　）。
　　A. 重力式喷枪　　　　　　　B. 虹吸式喷枪　　　　　　　C. 压送式喷枪
（2）在喷涂中涂底漆时我们需要选择（　　）mm口径的喷枪。
　　A. 1.3　　　　　　　　　　B. 1.6　　　　　　　　　　C. 2.0
（3）喷枪与工件的最佳距离应为（　　）
　　A. 100～150 mm　　　　　　B. 200～300 mm　　　　　　C. 40～80 mm
（4）正确的喷雾图形重叠宽度为喷雾图形的（　　）至（　　）。
　　A. 1/2、1/3　　　　　　　　B. 1/2、2/3　　　　　　　　C. 3/4、1/4
（5）涂料的传递效率最高的喷枪是（　　）。
　　A. RP喷枪　　　　　　　　　B. HVLP喷枪　　　　　　　　C. 传统高压喷枪
（6）进行色漆、清漆涂层的喷涂作业时，喷枪的喷涂口径为（　　）mm。
　　A. 1.3　　　　　　　　　　B. 1.6　　　　　　　　　　C. 2.0

（7）喷枪的移动速度与涂料干燥速度、环境温度以及涂料的黏度有关，一般应保持（　　）cm/s的速度进行匀速移动。

　　A. 50～70　　　　　　　　B. 30～50　　　　　　　　C. 10～30

（8）在进行汽车喷涂时，喷枪与车身表面形成的角度为（　　）。

　　A. 45°　　　　　　　　　B. 60°　　　　　　　　　C. 90°

2. 填空题

（1）在汽车修补涂装行业，空气喷枪依据不同的使用场所及作业环境、设备配置输送涂料的主要方式分为_____、_____与_____。

（2）在汽车修补涂装行业，空气喷枪依据不同的用途分为_____与_____。

（3）在汽车修补涂装行业，空气喷枪的喷涂气压和油漆传递效率分为_____、_____与_____。

（4）简称"喷枪的三件套"的喷枪元件为_____、_____与_____。

（5）喷枪风帽上辅助雾化孔越多，空气排量就越_____，油漆雾化就越_____。

（6）在方框填写喷枪各个调节旋钮的名称与调整方式。

3. 判断题

（1）汽车修补涂装领域，传统的虹吸式和重力式喷枪的使用比较广泛。（　　）

（2）顺时针旋转喷枪的针塞调节螺钉，使针塞增大开启行程，增大涂料喷出量；反之，逆时针旋转，减少涂料喷出量。（　　）

（3）喷枪涂料罐盖板上的回气孔要保持畅通。（　　）

（4）一般来说，用喷枪喷涂涂料时，气压越高，涂膜质量越好。（　　）

（5）喷涂距离过远会造成涂膜面粗糙、桔皮、光泽不足，以及涂料浪费。（　　）

（6）喷涂距离过近会造成强气流使涂面产生波纹，以及扇形喷幅变窄，单位面积的涂料量增加，易形成流痕。（　　）

（7）喷枪移动速度过慢会造成涂膜流痕，过快会使涂膜粗糙无光、桔皮以及涂层过薄。（　　）

（8）在喷涂时应先喷高处，后喷低处，先喷涂边角难涂的部位，再喷涂其他部位。（　　）

（9）喷涂垂直面时，应由左到右、由下到上横行喷涂。（　　）

（10）无论被涂面是平面、垂直面、斜面，还是侧面，喷涂的喷雾流即喷幅，应始终与被涂面保持平行。（　　）

4. 论述题

（1）喷枪各零部件有什么作用？

（2）使用喷枪进行喷涂时先要做哪些调整？如何进行？

（二）学习工具准备

教材、传统高压喷枪、底漆喷枪、面漆喷枪、喷枪拆解工具包。

四、任务实施

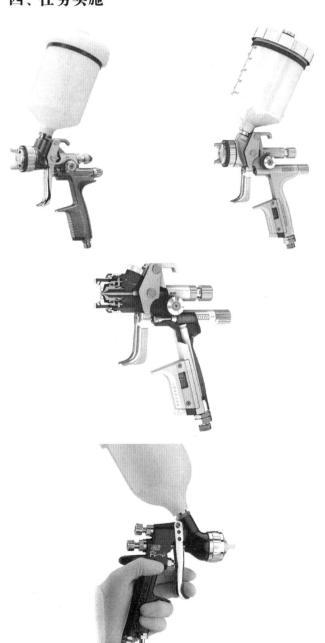

1. 辨识出汽车修补用喷枪的种类

2. 正确调整喷枪的各个调节旋钮

3. 正确练习喷枪的喷涂技巧（运枪方式的练习）

（1）握枪技巧练习。

喷枪是靠手掌、拇指、小指，以及无名指握住的，中指和食指用以扣动扳机。有些喷漆工在较长时间工作时，时不时改换握枪的方式，有时仅仅用拇指、手掌配合小指，有时又配合无名指握枪，中指和食指用来扣扳机，可以缓解疲劳，提高劳动效率。

(2）喷枪的移动速度练习。

喷枪的移动速度与涂料干燥速度、环境温度，以及涂料的黏度有关，一般应保持30～50 cm/s的速度进行匀速移动。

(3）标准喷涂距离的练习。

为确保漆面的均匀度，在喷涂过程中，喷枪与被喷工件间应始终保持一致的距离。要做到这一点，就必须在整个走枪的过程中始终保持喷枪与被喷涂平面呈直角，并确保手臂沿着被喷工件的表面做平行运动，绝对不能以手腕或手肘为轴心做弧形的摆动。

(4）喷涂角度的练习。

喷枪对车身表面角度始终保持垂直，不允许倾斜，当被涂物的形状角度发生变化时，喷枪的角度也要随之调整。

(5）喷幅重叠的练习。

喷枪从工件最外边、最上端喷涂运行，第二道的喷涂重叠在第一道的下端1/2处均匀重叠，走枪速度快的也可以重叠2/3，这样做的目的是为了确保喷涂后的漆面不会产生间隙。

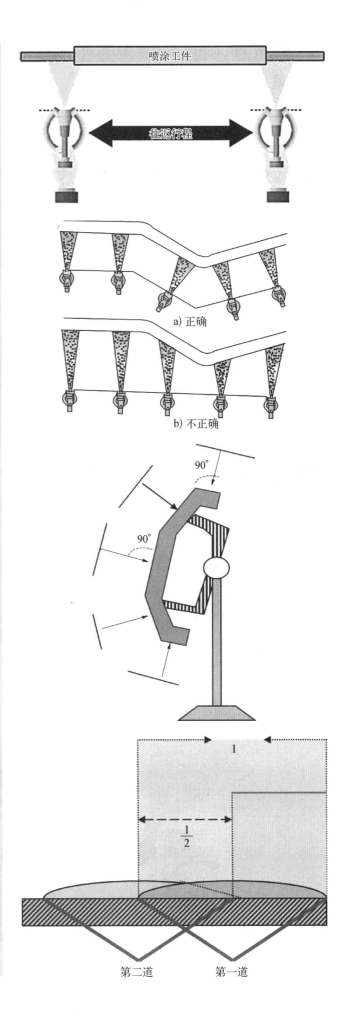

学习任务二　喷枪的清洗与保养

一、任务描述

喷枪作为汽车涂装修补重要工具，为了延长使用寿命，在每次喷涂作业完成后应立即用溶剂彻底清洗，特别是在使用2K双组分涂料的场合，应该避免任何类型的涂料残留在枪壶及喷枪涂料管道里面而造成喷枪堵塞。

二、学习目标

完成本次学习任务后，你应当能：
1. 掌握喷枪的手工清洗技巧。
2. 掌握喷枪的机器清洗技巧。
3. 了解喷枪的日常维护保养规范。

三、学习准备

（一）知识准备

通过对《汽车涂装基础》"项目五　喷枪的清洗与保养"理论基础的学习，完成下面有关内容：

1. 单项选择题

（1）下面哪种喷枪清洗方式更为彻底？（　　）
　　A. 机器清洗　　　　　　　　B. 手工清洗　　　　　　　　C. 一样的
（2）进行喷枪清洗作业时，应该正确选择pH值为（　　）的清洗液。
　　A. 2～3　　　　　　　　　　B. 6～8　　　　　　　　　　C. 4～6
（3）喷枪的气帽上有多个气孔，其中与枪幅大小有关的是（　　）。
　　A. 喷幅调节孔　　　　　　　B. 辅助雾化孔　　　　　　　C. 中心孔

2. 填空题

（1）喷枪在喷涂作业完成后应立即用溶剂彻底清洗，特别是在使用2K双组分涂料的场合，喷枪的主要清洗方式有_____与_____。
（2）手工清洗喷枪时，作业人员应该佩戴的安全防护用具有_____、_____、_____与_____。
（3）喷枪上有多个运动元件，在长时间使用后需要进行润滑，试完成下图：

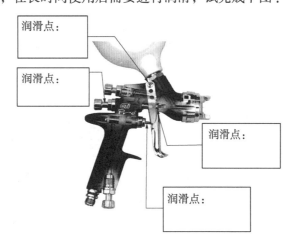

润滑点：
润滑点：
润滑点：
润滑点：

3. 判断题

（1）每日作业结束，应清洗喷枪，拆解后全部浸在稀释剂中，使用时安装。（　　）

（2）为了提高喷枪的清洗效率，可以使用喷枪清洗机对喷枪进行清洗。（　　）

（3）在进行喷枪清洗时，可以不用穿戴安全防护用具。（　　）

（4）为防止喷嘴或枪针损坏，在安装或卸下喷嘴时应该扣紧扳机。（　　）

4. 论述题

（1）简述喷枪手工清洗作业流程和基本注意事项。

（2）喷枪使用完毕后应注意哪些问题？

（3）描述喷枪手工清洗与机器清洗的差异，各自有什么好处？

（二）学习工具准备

　　教材、喷枪、清洁盘、喷枪清洗工具、吹尘枪、喷枪清洗机、溶剂回收机、絮凝剂、安全防护用品、无纺擦拭纸等。

四、任务实施

　　为了延长喷枪的使用寿命，在每次喷涂作业完成后应立即用溶剂彻底清洗。

　　手工清洗实施步骤如下：

1. 作业安全防护

　　具体步骤：

　　正确穿戴安全防护用品，包括喷漆防护服、防毒口罩、护目镜、耐溶剂手套等。

　　完成情况：

　　□ 完成

　　□ 未完成，原因：

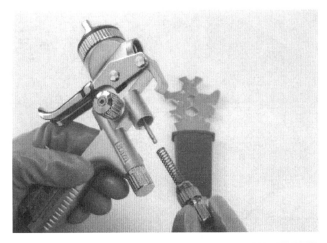

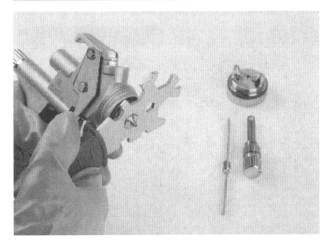

2. 喷枪拆解

具体步骤：

旋下涂料流量调节旋钮，取出枪针，再将喷枪的风帽头逆时针方向转动，卸下喷帽，最后用专用扳手取下喷枪的喷嘴，小心注意别因打滑损伤喷嘴。

完成情况：

□ 完成

□ 未完成，原因：

3. 喷枪的清洗和吹干

具体步骤：

使用毛刷配合干净有机溶剂先清洗喷枪的涂料通道，再清洗喷枪的枪身，最后使用吹尘枪连接压缩空气吹干喷枪的内部及外部。

完成情况：

□ 完成

□ 未完成，原因：

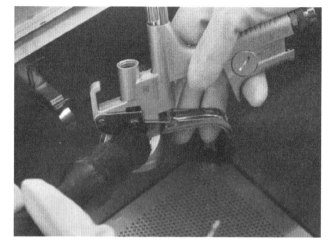

4. 清洁喷嘴套装（喷嘴、喷帽、枪针）

具体步骤：

（1）先用大毛刷清洗风帽内外表面，再用双头小白刷清洗风帽中心雾化孔和扇面控制孔，最后用专用清洗针清洗辅助雾化孔和扇面控制孔。

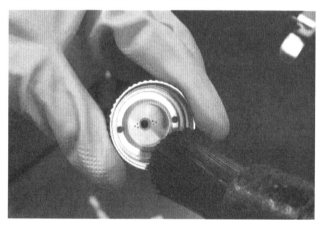

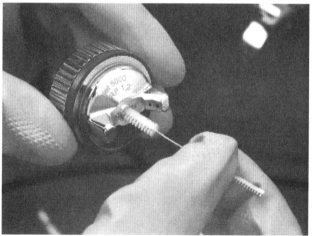

（2）先用大毛刷清洗喷嘴表面，再用小毛刷清洗喷嘴涂料通道，最后使用双头小白刷清洗喷嘴上的通气孔。

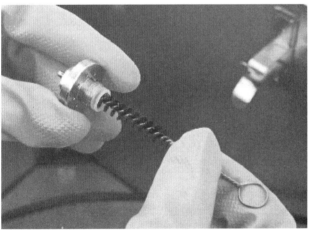

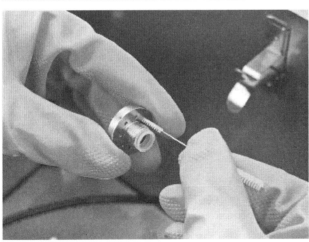

（3）使用大毛刷清洗枪针。
完成情况：
□ 完成
□ 未完成，原因：

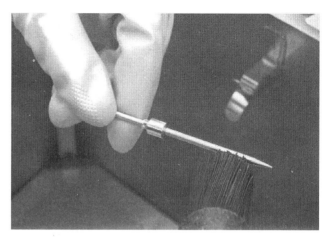

5. 喷枪的组装与润滑

具体步骤：

（1）装上喷嘴并用专用扳手旋紧，如下图中的①～②所示。

（2）装上喷帽，如下图中的③所示。

（3）在枪针接触密封圈的位置涂抹少量的专用润滑油，可以提高喷枪配件的使用寿命并且使喷枪操作更加顺畅，如下图中的④所示。

（4）装上枪针，如下图中的⑤所示。

（5）在枪针弹簧上涂抹少量的专用润滑油，这样可以提高喷枪配件的使用寿命并且使喷枪操作更加顺畅，如下图中的⑥所示。

（6）在涂料的调节旋钮的螺纹上涂抹少量的专用润滑油，再在正确的位置上装上涂料的调节旋钮，如下图中的⑦～⑧所示。

（7）在扳机顶杆的可见部分涂抹少量的专用润滑油，如下图中的⑨所示。

完成情况：
□ 完成
□ 未完成，原因：

①

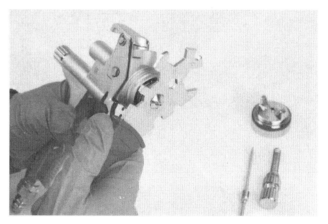

②

③

项目五 喷枪的清洗与保养 | 67

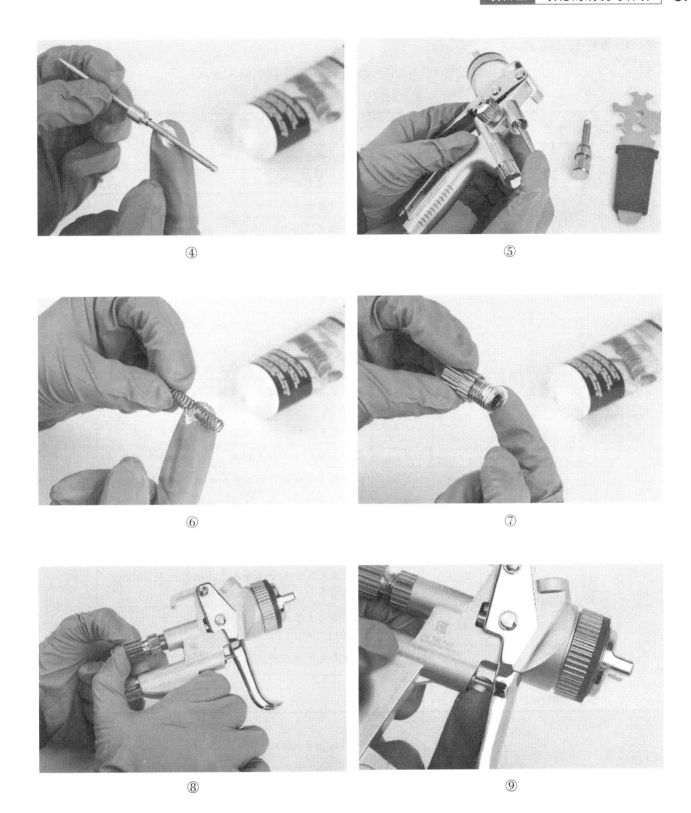

④

⑤

⑥

⑦

⑧

⑨

五、任务评价

喷枪清洗与保养考核评分表（满分100分）（时间30 min）

班级　　　姓名　　　学号　　　完成时间

考核时间	序号	考核项目	配分	评　分　标　准	得分
30 min	1	安全防护	18分	未穿工作服（喷漆服）扣3分	
				未穿安全鞋扣3分	
				未戴防毒面罩扣3分	
				未戴护目镜扣3分	
				未戴工作帽扣3分	
				未戴耐溶剂手套扣3分	
	2	喷枪清洗效果	40分	枪身上留有涂料扣2分/处，共6分，扣完为止	
				枪身涂料通道上留有涂料扣2分/处，共8分，扣完为止	
				风帽上留有涂料扣2分/处，共8分，扣完为止	
				风帽上雾化孔中留有涂料扣1分/处，共6分，扣完为止	
				喷嘴留有涂料扣2分/处，共6分，扣完为止	
				枪针上留有涂料扣2分/处，共6分，扣完为止	
	3	安全规范操作	30分	拆卸喷嘴未使用专用工具扣6分	
				暴力刷洗喷枪枪身、喷嘴、风帽扣6分	
				喷嘴拆装过程中由于操作不当引起的损伤扣6分	
				清洁用稀释剂超过200 mL扣6分	
				清洁后未及时擦干喷枪各部件扣2分/处，共6分，扣完为止	
	4	喷枪保养	6分	未对喷枪上各个运动元件进行润滑，扣2分/处，共6分，扣完为止	
	5	6S	6分	喷枪清洗完毕后物品未复位，台面、喷枪未清洁扣1～6分	
		分数合计	100分	实际得分	

项目六　漆面抛光工艺

学习任务一　漆面缺陷评估

一、任务描述

汽车车身修补涂装与汽车OEM车身涂装一样，在面漆涂层的喷涂干燥后，进行最后的检查修饰。它包括去除遮盖用的遮蔽纸/膜、表面的抛光和漆面轻微瑕疵处理，进行这些工序的前提是对涂装质量检查、验收基本合格，如存在通过抛光和小修补无法消除的涂装缺陷，即为不合格品，需返回重新涂装。

二、学习目标

完成本次学习任务后，你应当能：
1. 了解有关汽车漆面修复过程中可能发生的各种漆面瑕疵。
2. 了解有关汽车漆面修复瑕疵产生的预防方式，并且能正确地修复漆面瑕疵问题。

三、学习准备

（一）知识准备

通过对《汽车涂装基础》"项目六　漆面抛光工艺"理论基础的学习，完成下面有关内容：
1. 常见的漆面瑕疵有哪些？

2. 根据漆面修复常见瑕疵问题知识要点，回答下列图片给出的漆面瑕疵名称以及产生原因、处理方式。

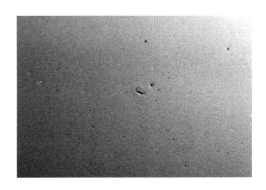

名称：
产生原因：
处理方式：

名称：
产生原因：
处理方式：

名称：
产生原因：
处理方式：

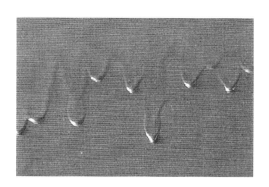

名称：
产生原因：
处理方式：

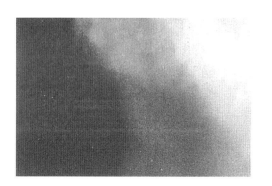

名称：
产生原因：
处理方式：

名称：
产生原因：
处理方式：

（二）学习工具准备

教材、漆面瑕疵板件样品、漆面瑕疵教学图片。

四、任务实施

1. 根据本章课程内容图片进行漆面瑕疵问题的授课讲解。
2. 随机提问学生依据漆面瑕疵图片说出其名称及发生原因、处理方式。

学习任务二　漆面抛光工艺

一、任务描述

一般汽车表面经喷涂之后，可能会出现粗粒尘点、流痕、反白、砂纸痕、桔皮等漆膜表面的细小缺陷，为了弥补这些缺陷，通常在喷涂后使用抛光机配合抛光研磨剂，来进行研磨抛光处理，这样可以提高漆膜的镜面效果，达到平滑、光亮、艳丽的要求。

二、学习目标

完成本次学习任务后，你应当能：
1. 了解汽车漆面抛光的基本要素。
2. 了解汽车漆面抛光基本的工具设备以及耗材。
3. 掌握汽车漆面轻微瑕疵处理与抛光工艺。

三、学习准备

（一）知识准备

通过对《汽车涂装基础》"项目六　漆面抛光工艺"理论基础的学习，完成下面有关内容：

1. 单项选择题

（1）进行粗抛光时应选用（　　　）。
　　A. 粗蜡　　　　　　　　　　B. 中蜡　　　　　　　　　　C. 细蜡
（2）最佳抛光时间为（　　　）。
　　A. 5～8 s　　　　　　　　　B. 12～15 s　　　　　　　　C. 30 s以上
（3）涂料在常温下（　　　）后，即使用手施加压力也不粘手。
　　A. 0.5 h　　　　　　　　　　B. 2 h　　　　　　　　　　C. 3 h

2. 填空题

（1）汽车漆面抛光的三大基本要素为＿＿＿＿＿、＿＿＿＿＿与＿＿＿＿＿。
（2）描述下列抛光垫的基本名称及用途。

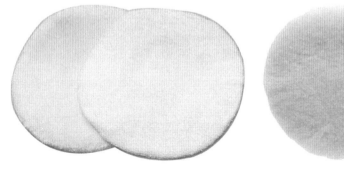

名称：　　　　　　　　　　　名称：　　　　　　　　　　　名称：
用途：　　　　　　　　　　　用途：　　　　　　　　　　　用途：

（3）研磨漆面轻微瑕疵部位时，可以使用双动作打磨机配合粒度为_____的砂纸进行研磨。

3. 判断题

（1）可佩戴棉纱手套进行抛光。（　　）
（2）抛光是在漆面上做"减法"，漆面会随着抛光次数增加而变薄。（　　）
（3）抛光时要根据不同的要求选择不同的抛光盘。（　　）
（4）抛光前不用检查涂膜是否干燥。（　　）
（5）涂膜干燥30 min后可进行抛光。（　　）
（6）抛光前选用的水磨砂纸越细越好。（　　）
（7）抛光可以解决一切缺陷。（　　）
（8）离心式抛光机的抛光效果比旋转式抛光机的要好。（　　）

4. 论述题

（1）抛光的作用、目的是什么？

（2）简述抛光工具和材料的种类及作用。

（3）简述抛光流程及注意事项。

（二）学习工具准备

教材、抛光机、气动圆形偏心振动磨机、打磨砂纸P1500、抛光垫、抛光蜡、点修刮片、无纺擦拭纸、微纤百洁布等。

四、任务实施

在汽车漆面修补完成后,应该对冷却后的漆面进行检查,针对漆面轻微瑕疵,可进行漆面瑕疵研磨与抛光作业。

漆面轻微瑕疵处理实施步骤如下:

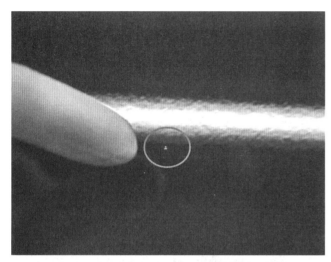

1. 抛光作业前的防护

   具体步骤:

   待烤漆完成的车辆冷却后,将车辆开入抛光工位后,用遮蔽纸将车标、装饰条、门把手、倒车镜、玻璃胶条逐一封好,并将所有玻璃用遮蔽膜遮挡。防止在施工过程中误伤及以上部件,同时省去施工后清洁的麻烦。

   完成情况:

   □ 完成

   □ 未完成,原因:

2. 漆面抛光前的检查

   具体步骤:

   使用工作灯检查整个喷涂后的板件,标记漆面轻微瑕疵部位。

   完成情况:

   □ 完成

   □ 未完成,原因:

3. 研磨漆面轻微瑕疵部位

   具体步骤:

   使用气动磨机配合P1500砂纸,进行清漆涂层表面的桔皮及瑕疵的研磨,研磨时注意边角、线条,防止被磨穿。如果研磨过程中遇有粘砂纸现象,应即刻将清漆表面及砂纸表面漆尘、漆粒彻底清除后再进行研磨作业,研磨至可抛光程度即可。研磨完成后应使用专业擦拭纸将需要抛光的表面彻底清洁后再进行下一步施工。

   完成情况:

   □ 完成

   □ 未完成,原因:

4. 抛光

   具体步骤:

   量取出三合一抛光剂均匀涂抹至高级羊毛球表面,根据研磨后的清漆涂层表面实际情况适当调整抛光机转速，将清漆涂层表面的砂痕抛除基础增亮后，通过反差清洁指示剂（脱脂剂）配合百洁布擦拭，用于抛光残留物和油迹斑点的清除，最后反复检查确认漆面轻微瑕疵是否清除。

完成情况：

☐ 完成

☐ 未完成，原因：

5. 深色漆面及细腻的清漆表面螺旋纹抛除

具体步骤：

量取出细抛光剂均匀涂抹至抛光海棉球表面。根据清漆涂层表面的实际情况适当调整抛光机转速，将清漆涂层表面的螺旋纹抛除后，通过反差清洁剂配合百洁布擦拭，用于抛光残留物和油迹斑点的清除，最后反复检查确认漆面轻微瑕疵是否清除。

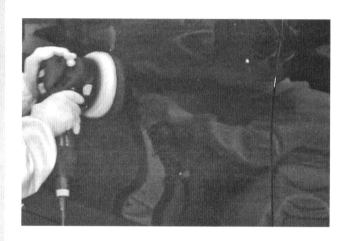

完成情况：

☐ 完成

☐ 未完成，原因：

6. 再次清洁（遮蔽去除）

具体步骤：

清洁标准顺序：玻璃清洁→漆面清洁→边缝清洁→轮毂、轮胎清洁→其他部位的清洁。

完成情况：

☐ 完成

☐ 未完成，原因：

7. 检验

具体步骤：

检查漆面是否光亮均匀，如有残余蜡点、手印、没抛掉的划痕或外界的尘沫、水滴留在漆面上，应立即手工去除。

完成情况：

☐ 完成

☐ 未完成，原因：

8. 工具整理（6S）

具体步骤：

取下抛光盘，拔下电源，用干净的毛

巾擦拭抛光机。将导线盘绕在机身上，放置时要以机器扳机柄与扶手柄为支撑。抛光后需要清理抛光盘。用清水清洗，抛光后注意盖好磨料盖子防止干燥，抛光完成，整理好工具车。

完成情况：
□ 完成
□ 未完成，原因：

五、任务评价

漆面抛光考核评分表（满分100分）（时间30 min）

班级　　　姓名　　　学号　　　完成时间

考核时间	序号	考核项目	配分	评 分 标 准	得分
30 min	1	安全防护	18分	未穿工作服（喷漆服）扣3分	
				未穿安全鞋扣3分	
				未戴防毒面罩扣3分	
				未戴护目镜扣3分	
				未戴工作帽扣3分	
				未戴耐溶剂手套扣3分	
	2	漆面瑕疵处理	30分	未进行漆面抛光作业前的检查扣5分	
				砂纸型号选择错误扣5分	
				打磨机选择错误扣5分	
				打磨机起动方法不正确扣5分	
				漆面瑕疵打磨方法不正确扣5分	
				漆面瑕疵研磨后未进行清洁扣5分	
	3	漆面抛光	40分	抛光机与抛光垫选择错误扣5分	
				抛光蜡选择不正确扣5分	
				抛光机起动方法不正确扣5分	
				漆面抛光方法不正确扣10分	
				深色漆面及细腻的清漆表面螺旋纹抛除方法不正确扣5分	
				漆面抛光完成后未进行清洁扣5分	
				抛光后漆面还存在划痕、尘屑，扣5分	
	5	6S	12分	漆面抛光完毕后物品未复位，台面未清洁扣1～12分	
	分数合计		100分	实际得分	